마법
술술한자

지은이 **박두수**

- 한학자 집안에서 태어나 어려서부터 부친께 한문을 배우기 시작하여 가업을 잇는다는 정신으로 대학에서 한문을 전공하였습니다.

- 한자 때문에 힘들어서 울고 있는 어린 여학생을 보고, 저자도 어린 시절 부친께 한문을 배우면서 괴롭고 힘들었던 기억이 생각나 어떻게 하면 어려운 한자를 쉽게 가르칠 수 있을까 연구하였습니다.

- 오랜 시간 한자를 연구하여 새로운 뜻과 새로운 모양의 부수를 완성한 후 한자의 자원을 쉽게 풀이하고, 부수를 통해서 한자를 중국어 간화자로 변환시킬 수 있는 중국어 학습법을 개발하여 뜨거운 호응을 얻고 있습니다.

- 저자가 연구하여 완성한 새로운 뜻과 새로운 모양의 부수를 통해서 쉽게 배우는 한자와 중국어 간화자 학습법을 알리기 위하여 일간신문에 '박두수의 술술한자'를 연재하고 있습니다.

- 저서로는 새로운 뜻과 새로운 모양의 부수를 제시하여 전국 판매량 1위를 기록한 한자능력검정시험 수험서 《마법 술술한자》(전9권), 초등학교 교과서를 분석하여 초등학생의 눈높이에 맞는 한자 공부법을 제시한 《초등 학습 한자》(전6권), 한국어문회에서 실시하는 《한자능시 기출·적중 문제집 3급》, 대한상공회의소에서 실시하는 《상공회의소 한자시험 중급》 등이 있습니다.

이메일 : dshanja@naver.com
휴대폰 : 010-5052-5321

한국어문회 주관 | 한국한자능력검정회 시행

한자능력 검정시험 5급

마법 술술한자

박두수 지음

술술한자 시리즈 5

마법 술술한자 부수를 알면 한자가 쉽다!

중앙에듀북스

안녕하세요? 박두수입니다.

❗ **한자 학습 왜 해야 될까요?**
  - 한자는 세계 인구의 26%가 사용하는 동양권의 대표문자입니다.
  - 우리말의 70% 이상을 차지하고 있는 것이 한자어입니다.

❗ **한자를 잘하면 왜 공부를 잘하게 될까요?**
  - 한자는 풍부한 언어 문자 생활과 다른 과목의 학습을 도와주는 역할을 합니다.
  - 중학교 1학년 기본 10개 교과목에 2,122자의 한자로 약 14만 번의 한자어가 출현합니다.
  - 한자표기를 통한 학습에서 43%가 학업성적이 향상되었습니다.

❗ **쓰기 및 암기 위주의 한자 학습 이제 바뀌어야 합니다.**
  - 한자는 뜻을 나타내는 표의자로 각 글자마다 만들어진 원리가 있습니다.
  - 한자는 만들어진 원리를 생각하며 학습하면 쉽게 익힐 수 있습니다.

❗ **올바른 한자 학습을 위해서는 부수를 제대로 알아야 합니다.**
  - 부수는 한자를 이루는 최소 단위입니다.
    ❶ 日(해) + 一(지평선) = 旦(아침 단)   해가 **지평선** 위로 떠오를 때는 **아침**이니
    ❷ 囗(울타리) + 人(사람) = 囚(가둘 수)   **울타리** 안에 죄지은 **사람**을 **가두니**
    ❸ 自(코) + 犬(개) = 臭(냄새 취)   **코**로 **개**처럼 **냄새** 맡으니
  - 올바른 한자 학습을 위해서는 一(지평선), 囗(울타리), 自(코)를 뜻하는 것을 알아야 되겠지요?

❗ 술술한자의 특색 및 구성

- 한자를 연구하여 새로운 뜻과 새로운 모양의 술술한자 부수를 완성하였습니다.
- 누구나 볼 수 있도록 초등학생 수준에 맞추어 풀이를 쉽게 하였습니다.
- 한자를 나누고 자원을 생각하며 공부할 수 있도록 구성하였습니다.
- 지속적인 반복과 실력을 확인할 수 있도록 다양한 평가를 구성하였습니다.

"선생님! 해도 해도 안 돼요. 한자가 너무 어려워요."

이렇게 말하면서 울먹이던 어린 여학생의 안타까운 눈망울을 보며 '어떻게 하면 한자를 쉽게 익힐 수 있을까' 오랜 시간 기도하며 연구하였습니다.

누구나 한자와 보다 쉽게 친해지게 하려는 열정만으로 쓴 책이라 부족함이 많습니다.

한자의 자원을 정확히 알기는 어렵습니다. 아직 4% 정도만 자원을 제대로 유추할 수 있다고 합니다. 다양한 또 다른 자원이 가능하다는 뜻입니다.

부디 술술한자가 한자와 친해지는 계기가 되고 여러분께 많은 도움이 되기를 진심으로 기도합니다.

오랫동안 한자를 지도해 주시거나 주야로 기도해 주신 분들과 술술한자가 출간될 수 있도록 도움을 주신 모든 분들께 진심으로 사랑과 감사의 말씀드립니다.

박두수 올림

한자 쉽게 익히는 법

❗ 한자는 무조건 쓰고 외우지 마세요.

1. 한자는 뜻을 나타내는 표의자입니다. 각 글자마다 형성된 원리가 있습니다.

   예) 鳴(울 명) : 입(口)으로 새(鳥)는 울까요? 짖을까요? 울지요! 그래서 울 명
   吠(짖을 폐) : 입(口)으로 개(犬)는 울까요? 짖을까요? 짖지요! 그래서 짖을 폐

2. 한자는 모양이 비슷한 글자가 너무나 많아 무조건 쓰고 외우는 데는 한계가 있습니다.

   예) 閣(집 각) 間(사이 간) 開(열 개) 聞(들을 문) 問(물을 문) 閉(닫을 폐) 閑(한가할 한)

❗ 그럼 어떻게 공부해야 한자를 쉽게 익힐 수 있을까요?

1. 먼저 한자를 나누어 왜 이런 글자들이 모여서 이런 뜻을 나타내게 되었는지 생각해 보세요.

   예) 休(쉴 휴) = 亻(사람 인) + 木(나무 목)
   왜? 亻(사람)과 木(나무)가 모여서 休(쉴 휴)가 되었을까요?
   사람(亻)이 햇빛을 피해 **나무**(木) 밑에서 **쉬었겠지요?** 그래서 쉴 휴

2. 한자를 익힌 다음은 그 글자가 쓰인 단어와 뜻까지 익히세요.

   예) 休日(휴일) : 쉬는 날
   休學(휴학) : 일정기간 학업을 쉼

3. 그 다음 단어가 쓰인 예문을 통해서 한자어를 익히세요.

   예) 그는 休日 아침마다 늦잠을 잔다.
   형은 가정 형편이 어려워 休學 중이다.

4. 비슷한 글자끼리 연관 지어 익히세요.

   예)
門	+	日	=	間(사이 간)	문(門)틈 사이로 해(日)가 비치니
	+	耳	=	聞(들을 문)	문(門)에 귀(耳)를 대고 들으니
	+	口	=	問(물을 문)	문(門)에 대고 입(口) 벌려 물으니

그래서 이렇게 만들었어요

❗ **모든 한자를 가능한 한 자원으로 풀이했습니다.**

> 예 生(날 생, 살 생) 풀이

- '초목이 땅에 나서 자라는 모양'이라고 합니다. 하지만 술술한자는
- '사람(ㅅ)은 땅(土)에서 나 살아가니' 그래서 날 생, 살 생 이렇게 자원으로 풀이했습니다.

❗ **자원 풀이를 쉽게 했습니다.**
- 자원 풀이 한자교재가 많지만 너무 학술적이어서 이해하기가 어렵습니다.
- 술술한자는 초등학생 수준에 맞추어 풀이를 쉽게 하였습니다.

> 예 族(겨레 족) 풀이

- '깃발(方) 아래 화살(矢)을 들고 모여 겨레를 이루니'라고 합니다. 하지만 술술한자는
- '사방(方)에서 사람(ㅅ)과 사람(ㅅ)들이 모여 큰(大) 겨레를 이루니' 이렇게 쉽게 풀이했습니다.

❗ **모든 한자를 쓰는 순서대로 자원을 풀이했습니다.**
- 쓰는 순서를 무시한 자원 풀이는 활용하기가 어렵습니다.

> 예 囚(가둘 수) = 울타리(口) 안에 죄지은 사람(人)을 가두니

❗ **자원 풀이와 한자 쓰기가 한곳에 있어 학습에 많은 도움이 됩니다.**
- 자원 풀이 밑에 곧바로 쓰는 빈칸이 있어 자원을 보고 한자를 쓰면서 익힐 수 있습니다.

❗ **철저히 자원 풀이에 입각한 학습을 하도록 구성하였습니다.**
- 술술한자는 자원을 보며 한자를 쓸 수 있도록 본문을 구성했으며, 연습과 평가 부분도 자원을 생각하며 한자를 익힐 수 있도록 구성하였습니다.

❗ **배운 한자를 활용한 단어학습과 예문으로 어휘력을 길러줍니다.**
- 배운 글자로만 단어를 구성하여 학습하기가 쉽습니다.
- 모든 단어는 한자를 활용하여 직역 위주로 풀이하였습니다.
- 예문을 통하여 단어를 익힐 수 있도록 모든 단어는 예문을 실었습니다.

❗ **학교 교과서에 자주 나오는 한자어를 분석하여 실었습니다.**
- 교과서에 자주 나오는 한자어의 뜻을 한자를 통해 쉽게 익힐 수 있습니다.

이 책은 이렇게 학습하세요

❗ **해당 급수 신습한자를 50자씩 가나다순으로 배열하여 한눈에 익히도록 하였습니다.**

- 본문 학습 후 먼저 뜻과 음 부분을 가린 후 읽기를 점검하세요.
- 한자의 뜻과 음을 익히고 나면 한자와 부수 부분을 가린 후 쓰기를 점검하세요.

❶ 8 신습한자

읽기? 뜻, 음을 가리고 읽어본 후 틀린 글자는 V표 하세요.
쓰기? 한자와 부수를 가리고 써본 후 틀린 글자는 V표 하세요.

읽기		한자	부수	뜻	음	쓰기	
❷ 1	2	❸ 教	❹ 攵	❺ 가르칠	❻ 교	1	2
		校	木	학교	교		

읽기		한자	부수	뜻	음	쓰기	
1	2	先	儿	먼저	선	1	2
		小	小	작을	소		

❶ **8** : 한자능력검정시험 급수 표시

❷ **1 2** : 첫 번째 점검 후 틀린 글자는 번호 **1** 란에 표시를 하고, 두 번째 점검 후 틀린 글자는 번호 **2** 란에 표시를 하여 완전히 익히도록 합니다.

❸ **教** : 신습한자   ❹ **攵** : 부수   ❺ **가르칠** : 뜻   ❻ **교** : 음

❗ **1회 학습량은 10자 단위로 구성하였습니다.**

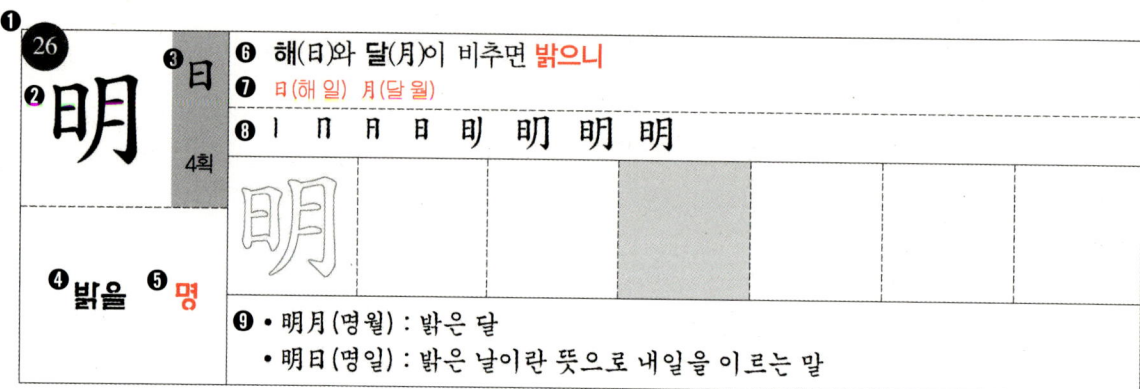

❶ **26** : 신습한자 번호

❷ **明** : 신습한자

❸ **日** : 부수와 부수를 제외한 획수
   4획

❹ **밝을** : 뜻

❺ **명** : 음

❻ **해(日)와 달(月)이 비추면 밝으니** : 글자를 나누어 쓰는 순서대로 풀이했습니다.
   ➡ 한자는 무조건 쓰고 외우기보다는 日(해 일)과 月(달 월)이 모여 왜 明(밝을 명)이 되었는지 자원을 이해한 후 읽으면서 써야 오래 기억됩니다.

❼ 日(해 일) 月(달 월) : 부수 설명 및 보충

❽ 丨 冂 冃 日 旫 明 明 明 : 필순

❾ 明日(명일) : 배운 글자로만 단어를 구성하였으며 직역 위주로 풀이를 하였습니다.

❗ 자원으로 한자와 부수를 익히는 부분입니다.

> **자원으로 한자 알기**
>
> * 해(　)와 달(月)이 비추면 **밝으니**　　　　☞
> * 문(門)에 귀(　)를 대고 **들으니**　　　　☞
> * 문(門)에 대고 입(　) 벌려 **물으니**　　　　☞
> * 사람(　)이 나무(木)에 기대어 **쉬니**　　　　☞

(　) 안에 들어가는 日(해 일)이 明(밝을 명)의 부수입니다.

(　) 안에 부수 日을 쓰고 ☞ 오른쪽에 한자 明을 쓰세요.

> 예　해(日)와 달(月)이 비추면 **밝으니**　　☞ 明

❗ 심화 학습하는 부분입니다.

一思多得

❶ 敎(가르칠 교) 校(학교 교) 쓰임에 주의하세요.

敎(가르칠 교) : 敎師(교사)　敎室(교실)　敎訓(교훈)
校(학교 교) : 校歌(교가)　校門(교문)　校長(교장)

❗ 문제와 해답

다양한 형식의 문제들에 대한 해답은 해당 문제의 앞뒤 페이지나 위아래에 위치한 반대 유형의 문제를 참고하시면 됩니다.

차례

❖ 안녕하세요? 박두수입니다. _4
❖ 한자 쉽게 익히는 법 _6
❖ 그래서 이렇게 만들었어요 _7
❖ 이 책은 이렇게 학습하세요 _8

본문 익히기 _11
❖ 신습한자 일람표
❖ 자원으로 한자 알기
❖ 한자를 나누고 자원을 쓰면서 익히기
❖ 한자어 독음 및 한자 쓰기
❖ 예문으로 한자어 익히기

종합평가 _161
❖ 훈음 및 한자 쓰기
❖ 배우고 익히기
❖ 교과서 주요 한자어 익히기

부 록 _175
❖ 반대자
❖ 반대어
❖ 유의자
❖ 동음이의어
❖ 사자성어
❖ 약자

본문 익히기

8 선습한자

읽기? 뜻, 음을 가리고 읽어본 후 틀린 글자는 V표 하세요.
쓰기? 한자와 부수를 가리고 써본 후 틀린 글자는 V표 하세요.

읽기 1	읽기 2	한자	부수	뜻	음	쓰기 1	쓰기 2
		敎	攵	가르칠	교		
		校	木	학교	교		
		九	乙	아홉	구		
		國	口	나라	국		
		軍	車	군사	군		
		金	金	쇠	금		
		南	十	남녘	남		
		女	女	계집	녀		
		年	干	해	년		
		大	大	큰	대		
		東	木	동녘	동		
		六	八	여섯	륙		
		萬	艹	일만	만		
		母	母	어미	모		
		木	木	나무	목		
		門	門	문	문		
		民	氏	백성	민		
		白	白	흰	백		
		父	父	아비	부		
		北	匕	북녘	북		
		四	口	넉	사		
		山	山	산	산		
		三	一	석	삼		
		生	生	날	생		
		西	西	서녘	서		

읽기 1	읽기 2	한자	부수	뜻	음	쓰기 1	쓰기 2
		先	儿	먼저	선		
		小	小	작을	소		
		水	水	물	수		
		室	宀	집	실		
		十	十	열	십		
		五	二	다섯	오		
		王	玉	임금	왕		
		外	夕	바깥	외		
		月	月	달	월		
		二	二	둘	이		
		人	人	사람	인		
		一	一	한	일		
		日	日	날	일		
		長	長	길	장		
		弟	弓	아우	제		
		中	丨	가운데	중		
		靑	靑	푸를	청		
		寸	寸	마디	촌		
		七	一	일곱	칠		
		土	土	흙	토		
		八	八	여덟	팔		
		學	子	배울	학		
		韓	韋	나라	한		
		兄	儿	형	형		
		火	火	불	화		

7Ⅱ

> 읽기? 뜻, 음을 가리고 읽어본 후 틀린 글자는 V표 하세요.
> 쓰기? 한자와 부수를 가리고 써본 후 틀린 글자는 V표 하세요.

읽기 1 2	한자	부수	뜻	음	쓰기 1 2
	家	宀	집	가	
	間	門	사이	간	
	江	氵	강	강	
	車	車	수레	거	
	工	工	장인	공	
	空	穴	빌	공	
	氣	气	기운	기	
	記	言	기록할	기	
	男	田	사내	남	
	內	入	안	내	
	農	辰	농사	농	
	答	竹	대답할	답	
	道	辶	길	도	
	動	力	움직일	동	
	力	力	힘	력	
	立	立	설	립	
	每	母	매양	매	
	名	口	이름	명	
	物	牛	물건	물	
	方	方	모	방	
	不	一	아닐	불	
	事	亅	일	사	
	上	一	윗	상	
	姓	女	성	성	
	世	一	세대	세	

읽기 1 2	한자	부수	뜻	음	쓰기 1 2
	手	手	손	수	
	市	巾	시장	시	
	時	日	때	시	
	食	食	밥	식	
	安	宀	편안할	안	
	午	十	낮	오	
	右	口	오른쪽	우	
	子	子	아들	자	
	自	自	스스로	자	
	場	土	마당	장	
	全	入	온전할	전	
	前	刂	앞	전	
	電	雨	번개	전	
	正	止	바를	정	
	足	足	발	족	
	左	工	왼쪽	좌	
	直	目	곧을	직	
	平	干	평평할	평	
	下	一	아래	하	
	漢	氵	한나라	한	
	海	氵	바다	해	
	話	言	말씀	화	
	活	氵	살	활	
	孝	子	효도	효	
	後	彳	뒤	후	

7 신습한자

읽기 1	읽기 2	한자	부수	뜻	음	쓰기 1	쓰기 2
		歌	欠	노래	가		
		口	口	입	구		
		旗	方	기	기		
		冬	冫	겨울	동		
		同	口	같을	동		
		洞	氵	마을	동		
		登	癶	오를	등		
		來	人	올	래		
		老	老	늙을	로		
		里	里	마을	리		
		林	木	수풀	림		
		面	面	얼굴	면		
		命	口	명령할	명		
		問	口	물을	문		
		文	文	글월	문		
		百	白	일백	백		
		夫	大	사내	부		
		算	竹	셈	산		
		色	色	빛	색		
		夕	夕	저녁	석		
		少	小	적을	소		
		所	戶	곳	소		
		數	攵	셈	수		
		植	木	심을	식		
		心	心	마음	심		

읽기 1	읽기 2	한자	부수	뜻	음	쓰기 1	쓰기 2
		語	言	말씀	어		
		然	灬	그럴	연		
		有	月	있을	유		
		育	月	기를	육		
		邑	邑	고을	읍		
		入	入	들	입		
		字	子	글자	자		
		祖	示	할아비	조		
		主	丶	주인	주		
		住	亻	살	주		
		重	里	무거울	중		
		地	土	땅	지		
		紙	糸	종이	지		
		千	十	일천	천		
		天	大	하늘	천		
		川	川	내	천		
		草	艹	풀	초		
		村	木	마을	촌		
		秋	禾	가을	추		
		春	日	봄	춘		
		出	凵	날	출		
		便	亻	편할	편		
		夏	夂	여름	하		
		花	艹	꽃	화		
		休	亻	쉴	휴		

6Ⅱ-1 신습한자

읽기 1	읽기 2	한자	부수	뜻	음	쓰기 1	쓰기 2
		各	口	각각	각		
		角	角	뿔	각		
		界	田	경계	계		
		計	言	셀	계		
		高	高	높을	고		
		公	八	공평할	공		
		共	八	함께	공		
		功	力	공	공		
		果	木	열매	과		
		科	禾	과목	과		
		光	儿	빛	광		
		球	玉	공	구		
		今	人	이제	금		
		急	心	급할	급		
		短	矢	짧을	단		
		堂	土	집	당		
		代	亻	대신할	대		
		對	寸	대할	대		
		圖	口	그림	도		
		讀	言	읽을	독		
		童	立	아이	동		
		等	竹	무리	등		
		樂	木	즐길	락		
		利	刂	이로울	리		
		理	玉	다스릴	리		

읽기 1	읽기 2	한자	부수	뜻	음	쓰기 1	쓰기 2
		明	日	밝을	명		
		聞	耳	들을	문		
		半	十	반	반		
		反	又	돌이킬	반		
		班	玉	나눌	반		
		發	癶	쏠	발		
		放	攵	놓을	방		
		部	阝	나눌	부		
		分	刀	나눌	분		
		社	示	모일	사		
		書	日	글	서		
		線	糸	줄	선		
		雪	雨	눈	설		
		成	戈	이룰	성		
		省	目	살필	성		
		消	氵	사라질	소		
		術	行	재주	술		
		始	女	비로소	시		
		信	亻	믿을	신		
		新	斤	새	신		
		神	示	귀신	신		
		身	身	몸	신		
		弱	弓	약할	약		
		藥	艹	약	약		
		業	木	일	업		

6Ⅱ-2 신습한자

읽기 1	2	한자	부수	뜻	음	쓰기 1	2
		勇	力	날랠	용		
		用	用	쓸	용		
		運	辶	옮길	운		
		音	音	소리	음		
		飮	食	마실	음		
		意	心	뜻	의		
		作	亻	지을	작		
		昨	日	어제	작		
		才	扌	재주	재		
		戰	戈	싸움	전		
		庭	广	뜰	정		
		第	竹	차례	제		
		題	頁	문제	제		

읽기 1	2	한자	부수	뜻	음	쓰기 1	2
		注	氵	부을	주		
		集	隹	모일	집		
		窓	穴	창	창		
		淸	氵	맑을	청		
		體	骨	몸	체		
		表	衣	겉	표		
		風	風	바람	풍		
		幸	干	다행	행		
		現	玉	나타날	현		
		形	彡	모양	형		
		和	口	화할	화		
		會	曰	모일	회		

6-1 신습한자

읽기 1	2	한자	부수	뜻	음	쓰기 1	2
		感	心	느낄	감		
		強	弓	강할	강		
		開	門	열	개		
		京	亠	서울	경		
		古	口	예	고		
		苦	艹	쓸	고		
		交	亠	사귈	교		
		區	匚	구분할	구		
		郡	阝	고을	군		
		根	木	뿌리	근		
		近	辶	가까울	근		
		級	糹	등급	급		
		多	夕	많을	다		
		待	彳	기다릴	대		
		度	广	법도	도		
		頭	頁	머리	두		
		例	亻	법식	례		
		禮	示	예도	례		
		路	足	길	로		
		綠	糹	푸를	록		
		李	木	오얏	리		
		目	目	눈	목		
		美	羊	아름다울	미		
		米	米	쌀	미		
		朴	木	성	박		

읽기 1	2	한자	부수	뜻	음	쓰기 1	2
		番	田	차례	번		
		別	刂	나눌	별		
		病	疒	병	병		
		服	月	옷	복		
		本	木	근본	본		
		使	亻	하여금	사		
		死	歹	죽을	사		
		席	巾	자리	석		
		石	石	돌	석		
		速	辶	빠를	속		
		孫	子	손자	손		
		樹	木	나무	수		
		習	羽	익힐	습		
		勝	力	이길	승		
		式	弋	법	식		
		失	大	잃을	실		
		愛	心	사랑	애		
		夜	夕	밤	야		
		野	里	들	야		
		洋	氵	큰 바다	양		
		陽	阝	볕	양		
		言	言	말씀	언		
		永	水	길	영		
		英	艹	꽃부리	영		
		溫	氵	따뜻할	온		

6-2 신습한자

읽기? 뜻, 음을 가리고 읽어본 후 틀린 글자는 V표 하세요.
쓰기? 한자와 부수를 가리고 써본 후 틀린 글자는 V표 하세요.

읽기 1	읽기 2	한자	부수	뜻	음	쓰기 1	쓰기 2
		園	囗	동산	원		
		遠	辶	멀	원		
		由	田	말미암을	유		
		油	氵	기름	유		
		銀	金	은	은		
		衣	衣	옷	의		
		醫	酉	의원	의		
		者	耂	사람	자		
		章	立	글	장		
		在	土	있을	재		
		定	宀	정할	정		
		朝	月	아침	조		
		族	方	겨레	족		

읽기 1	읽기 2	한자	부수	뜻	음	쓰기 1	쓰기 2
		晝	日	낮	주		
		親	見	친할	친		
		太	大	클	태		
		通	辶	통할	통		
		特	牛	특별할	특		
		合	口	합할	합		
		行	行	다닐	행		
		向	口	향할	향		
		號	虍	이름	호		
		畫	田	그림	화		
		黃	黃	누를	황		
		訓	言	가르칠	훈		

5Ⅱ-1 신습한자

읽기 1	읽기 2	한자	부수	뜻	음	쓰기 1	쓰기 2
		價	亻	값	가		
		客	宀	손	객		
		格	木	격식	격		
		見	見	볼	견		
		決	氵	결단할	결		
		結	糸	맺을	결		
		敬	攵	공경	경		
		告	口	고할	고		
		課	言	공부할	과		
		過	辶	지날	과		
		觀	見	볼	관		
		關	門	관계할	관		
		廣	广	넓을	광		
		具	八	갖출	구		
		舊	白	예	구		
		局	尸	판	국		
		基	土	터	기		
		己	己	몸	기		
		念	心	생각	념		
		能	月	능할	능		
		團	囗	둥글	단		
		當	田	마땅	당		
		德	彳	덕	덕		
		到	刂	이를	도		
		獨	犭	홀로	독		

읽기 1	읽기 2	한자	부수	뜻	음	쓰기 1	쓰기 2
		朗	月	밝을	랑		
		良	艮	어질	량		
		旅	方	나그네	려		
		歷	止	지낼	력		
		練	糸	익힐	련		
		勞	力	일할	로		
		流	氵	흐를	류		
		類	頁	무리	류		
		陸	阝	뭍	륙		
		望	月	바랄	망		
		法	氵	법	법		
		變	言	변할	변		
		兵	八	병사	병		
		福	示	복	복		
		奉	大	받들	봉		
		士	士	선비	사		
		仕	亻	섬길	사		
		史	口	역사	사		
		産	生	낳을	산		
		商	口	장사	상		
		相	目	서로	상		
		仙	亻	신선	선		
		鮮	魚	고울	선		
		說	言	말씀	설		
		性	忄	성품	성		

5Ⅱ-2

읽기 1	읽기 2	한자	부수	뜻	음	쓰기 1	쓰기 2
		歲	止	해	세		
		洗	氵	씻을	세		
		束	木	묶을	속		
		首	首	머리	수		
		宿	宀	잘	숙		
		順	頁	순할	순		
		識	言	알	식		
		臣	臣	신하	신		
		實	宀	열매	실		
		兒	儿	아이	아		
		惡	心	악할	악		
		約	糸	맺을	약		
		養	食	기를	양		
		要	西	중요할	요		
		友	又	벗	우		
		雨	雨	비	우		
		雲	雨	구름	운		
		元	儿	으뜸	원		
		偉	亻	클	위		
		以	人	써	이		
		任	亻	맡길	임		
		材	木	재목	재		
		財	貝	재물	재		
		的	白	과녁	적		
		傳	亻	전할	전		

읽기 1	읽기 2	한자	부수	뜻	음	쓰기 1	쓰기 2
		典	八	법	전		
		展	尸	펼	전		
		切	刀	끊을	절		
		節	竹	마디	절		
		店	广	가게	점		
		情	忄	뜻	정		
		調	言	고를	조		
		卒	十	마칠	졸		
		種	禾	씨	종		
		州	川	고을	주		
		週	辶	주일	주		
		知	矢	알	지		
		質	貝	바탕	질		
		着	目	붙을	착		
		參	厶	참여할	참		
		責	貝	꾸짖을	책		
		充	儿	채울	충		
		宅	宀	집	택		
		品	口	물건	품		
		必	心	반드시	필		
		筆	竹	붓	필		
		害	宀	해할	해		
		化	匕	변화할	화		
		效	攵	본받을	효		
		凶	凵	흉할	흉		

5-1 선습한자

읽기? 뜻, 음을 가리고 읽어본 후 틀린 글자는 V표 하세요.
쓰기? 한자와 부수를 가리고 써본 후 틀린 글자는 V표 하세요.

읽기 1	읽기 2	한자	부수	뜻	음	쓰기 1	쓰기 2
		加	力	더할	가		
		可	口	옳을	가		
		改	攵	고칠	개		
		去	厶	갈	거		
		擧	手	들	거		
		件	亻	물건	건		
		建	廴	세울	건		
		健	亻	건강할	건		
		景	日	경치	경		
		競	立	다툴	경		
		輕	車	가벼울	경		
		固	口	굳을	고		
		考	耂	생각할	고		
		曲	曰	굽을	곡		
		橋	木	다리	교		
		救	攵	구원할	구		
		貴	貝	귀할	귀		
		規	見	법	규		
		給	糸	줄	급		
		技	扌	재주	기		
		期	月	기약할	기		
		汽	氵	김	기		
		吉	口	길할	길		
		壇	土	단	단		
		談	言	말씀	담		

읽기 1	읽기 2	한자	부수	뜻	음	쓰기 1	쓰기 2
		島	山	섬	도		
		都	阝	도읍	도		
		落	艹	떨어질	락		
		冷	冫	찰	랭		
		量	里	헤아릴	량		
		令	人	명령할	령		
		領	頁	거느릴	령		
		料	斗	헤아릴	료		
		馬	馬	말	마		
		末	木	끝	말		
		亡	亠	망할	망		
		買	貝	살	매		
		賣	貝	팔	매		
		無	灬	없을	무		
		倍	亻	곱	배		
		比	比	견줄	비		
		費	貝	쓸	비		
		鼻	鼻	코	비		
		氷	水	얼음	빙		
		寫	宀	베낄	사		
		思	心	생각	사		
		査	木	조사할	사		
		賞	貝	상줄	상		
		序	广	차례	서		
		善	口	착할	선		

21

5-2 신습한자

읽기? 뜻, 음을 가리고 읽어본 후 틀린 글자는 V표 하세요.
쓰기? 한자와 부수를 가리고 써본 후 틀린 글자는 V표 하세요.

읽기 1	읽기 2	한자	부수	뜻	음	쓰기 1	쓰기 2
		船	舟	배	선		
		選	辶	가릴	선		
		示	示	보일	시		
		案	木	책상	안		
		魚	魚	물고기	어		
		漁	氵	고기 잡을	어		
		億	亻	억	억		
		熱	灬	더울	열		
		葉	艹	잎	엽		
		屋	尸	집	옥		
		完	宀	완전할	완		
		曜	日	빛날	요		
		浴	氵	목욕할	욕		
		牛	牛	소	우		
		雄	隹	수컷	웅		
		院	阝	집	원		
		原	厂	근원	원		
		願	頁	원할	원		
		位	亻	자리	위		
		耳	耳	귀	이		
		因	囗	의지할	인		
		再	冂	두	재		
		災	火	재앙	재		
		爭	爫	다툴	쟁		
		貯	貝	쌓을	저		

읽기 1	읽기 2	한자	부수	뜻	음	쓰기 1	쓰기 2
		赤	赤	붉을	적		
		停	亻	머무를	정		
		操	扌	잡을	조		
		終	糸	마칠	종		
		罪	罒	허물	죄		
		止	止	그칠	지		
		唱	口	부를	창		
		鐵	金	쇠	철		
		初	刀	처음	초		
		最	日	가장	최		
		祝	示	빌	축		
		致	至	이를	치		
		則	刂	법칙	칙		
		他	亻	다를	타		
		打	扌	칠	타		
		卓	十	높을	탁		
		炭	火	숯	탄		
		板	木	널조각	판		
		敗	攵	패할	패		
		河	氵	강	하		
		寒	宀	찰	한		
		許	言	허락할	허		
		湖	氵	호수	호		
		患	心	근심	환		
		黑	黑	검을	흑		

5 II
신습한자

1. 價 (값 가) — 亻, 13획

사람(亻)이 덮여(襾) 있는 돈(貝)을 꺼내어 **값**을 치르니
亻(사람 인) 襾(덮을 아) 貝(돈 패) *지갑이나 주머니에서 돈을 꺼내어 값을 치른다는 뜻입니다.

丿 亻 亻 亻 亻 伫 伫 价 价 価 価 價 價 價

- 高價(고가) : 비싼 값
- 市價(시가) : 시장에서 상품이 매매되는 가격

2. 客 (손 객) — 宀, 6획

집(宀)에 각각(各) 오신 **손님**
宀(집 면) 各(각각 각)

丶 宀 宀 宀 宀 宀 客 客 客

- 客席(객석) : 손님이 앉는 자리
- 客室(객실) : 손님을 거처하게 하거나 응접하는 방

3. 格 (격식 격) — 木, 6획

나무(木)를 각각(各) **격식**에 맞게 사용하니
木(나무 목) 各(각각 각) *나무에 따라 쓰이는 용도가 다르죠?

一 十 才 才 木 朳 柊 柊 格 格

- 格式(격식) : 격에 맞는 일정한 방식
- 格言(격언) : 교훈이 될 만한 짧은 말

4. 見 (볼 견 / 뵈올 현) — 見, 0획

눈(目)으로 걸어(儿) 다니며 **보니**
目(눈 목) 儿(걷는 사람 인)

丨 冂 冂 月 目 貝 見

- 見本(견본) : 본보기 상품
- 意見(의견) : 어떤 대상에 대하여 가지는 생각

자원으로 한자 알기

* **사람(　　)**이 덮여(襾) 있는 돈(貝)을 꺼내어 **값**을 치르니
* **집(　　)**에 각각(各) 오신 **손님**
* **나무(　　)**를 각각(各) **격식**에 맞게 사용하니
* **눈**(目)으로 **걸어**(儿) 다니며 **보니**

5. 決 (氵, 4획) - 결단할/정할 결

물(氵) 흐르듯 마음을 터놓고(夬) **결단하여 정하니**
氵(물 수) *물이 자연스럽게 흐르듯 마음을 터놓고 의논하여 결단한다는 뜻입니다.

`丶 冫 氵 氵 沪 江 泱 決`

* 夬(터질 쾌) : 夬(가운데 앙)에서 한쪽이 터져 있는 모양
* 決定(결정) : 결단하여 정함

6. 結 (糸, 6획) - 맺을 결

실(糸)을 선비(士)가 입(口)에 물고 묶어 **맺으니**
糸(실 사) 士(선비 사) 口(입 구)

`ㄴ ㄠ ㄠ 幺 幺 糸 糸 紅 紅 紅 結 結`

* 結合(결합) : 맺어서 합함
* 結果(결과) : 열매를 맺음 또는 어떤 원인으로 결말이 생김

7. 敬 (攵, 9획) - 공경 경

진실하게(苟) 살라고 치며(攵) 깨우치는 사람을 **공경하니**
艹(풀 초) 句(글귀 구) 攵(칠 복)

`一 十 ㅛ ㅛ 艹 艿 芍 苟 苟 苟 散 敬 敬`

* 苟(진실로 구) : 비록 풀(艹)만 먹어도 글귀(句)를 읽으며 진실하게 사니
* 敬老(경로) : 노인을 공경함

8. 告 (口, 4획) - 고할/알릴 고

소(牛)를 제물로 바치고 입(口)으로 소원을 **고하여 알리니**
牛(소 우) 口(입 구)   *신에게 소를 제물로 바치고 소원을 고한다는 뜻입니다.

`丿 ㄥ ㅗ 生 牛 告 告`

* 公告(공고) : 세상에 널리 알림
* 告示(고시) : 글로 써서 게시하여 알림

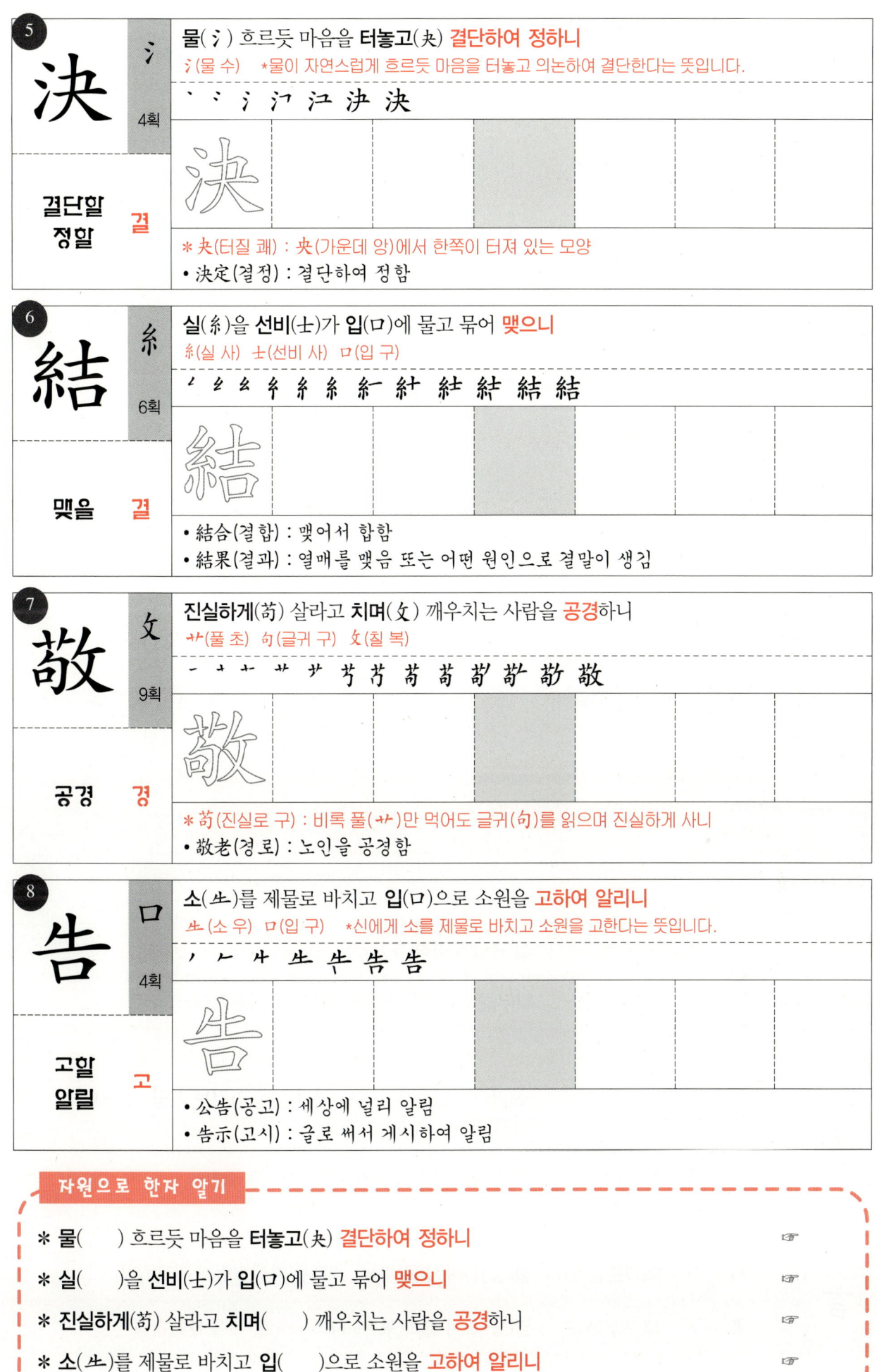

자원으로 한자 알기

* 물(   ) 흐르듯 마음을 터놓고(夬) **결단하여 정하니**
* 실(   )을 선비(士)가 입(口)에 물고 묶어 **맺으니**
* 진실하게(苟) 살라고 치며(   ) 깨우치는 사람을 **공경하니**
* 소(牛)를 제물로 바치고 입(   )으로 소원을 **고하여 알리니**

9. 課 (공부할/부과할 과) - 言부, 8획

말(言)하여 결과(果)에 따라 **공부할** 것을 **부과하니**
言(말씀 언) 果(열매 과, 결과 과)

`亠 亠 言 言 言 言 訁 訁 評 評 評 課 課`

- 課外(과외) : 정해진 학과 과정이나 근무 시간 이외에 하는 공부
- 日課(일과) : 날마다 규칙적으로 하는 일정한 일

10. 過 (지날/잘못 과) - 辶부, 9획

입 비뚤어질(咼) 정도로 빨리 뛰어(辶) **지나가니**
冂(성 경) 卜(점칠 복) 口(입 구) 辶(뛸 착) *빨리 뛰면 근육이 흔들리고 입이 비뚤어지죠?

`丨 冂 冂 咼 咼 咼 咼 咼 渦 渦 過 過`

* 咼(입 비뚤어질 와) : 성(冂)의 일을 점치고(卜) 성(冂)에서 입(口) 비뚤어지게 말하니
- 過去(과거) : 지나간 때

자원으로 한자 알기

* 말(   )하여 **결과**(果)에 따라 **공부할** 것을 **부과하니**
* 입 비뚤어질(咼) 정도로 빨리 뛰어(   ) **지나가니**

一思多得

宀	+	各	= 客(손 객)	집(宀)에 각각(各) 오신 **손님**
木	+		= 格(격식 격)	나무(木)를 각각(各) **격식**에 맞게 사용하니

生	+ 儿	= 先(먼저 선)	소(生)가 앞장서 수레나 쟁기를 끌고 **걷는 사람**(儿)보다 **먼저** 가니
	+ 口	= 告(고할 고)	소(生)를 제물로 바치고 입(口)으로 소원을 **고하여** 알리니

言	+ 川	= 訓(가르칠 훈)	말(言)하여 냇물(川)이 흐르듯 자연스럽게 **가르치니**
	+ 果	= 課(공부할 과)	말(言)하여 결과(果)에 따라 **공부할** 것을 **부과하니**

26

다음 한자를 나누고 **자원**을 쓰면서 익히세요.

價 값 가	=		+		+	
客 손 객	=		+	
格 격식 격	=		+	
見 볼 견	=		+	
決 결단할 결	=		+	
結 맺을 결	=		+		+	
敬 공경 경	=		+	
告 고할 고	=		+	
課 공부할 과	=		+	
過 지날 과	=		+	

다음 한자어의 **독음**을 쓰세요.

高價	市價	客席	客室
格式	格言	見本	意見
決定	結合	結果	敬老
公告	告示	課外	日課
過去			

 다음 한자어를 **한자**로 쓰세요.

높을 고 값 가	손 객 자리 석	격식 격 법 식	보일 견 근본 본
결단할 결 정할 정	맺을 결 합할 합	공경 경 늙을 로	공평할 공 알릴 고
공부할 과 바깥 외	지날 과 갈 거	시장 시 값 가	손 객 방 실
격식 격 말씀 언	뜻 의 견해 견	맺을 결 열매 과	알릴 고 보일 시
날 일 부과할 과			

예문으로 한자어 익히기 (한자로 쓰인 단어의 뜻을 써보세요.)

1. 김 화백의 그림이 **高價**로 팔렸다.

2. 이 집은 **市價**가 10억 원 정도 된다.

3. 연극이 끝난 후 **客席**은 텅 비었다.

4. 찾아온 손님을 **客室**로 모시다.

5. 웃어른께는 **格式**에 맞추어 편지를 써야 한다.

6. '시간은 금이다' 라는 말은 시간의 소중함을 가르치는 **格言**이다.

7. 그는 **見本**을 보고 물건을 샀다.

8. 여러 친구들의 **意見**을 들어보자.

9. 생각을 깊게 하고 **決定**을 내려라.

10. 물은 산소와 수소의 **結合**으로 이루어진다.

11. 열심히 노력하더니 **結果**가 좋다.

12. 요즘 **敬老**정신이 사라지고 있다.

13. 복도엔 학기말 고사 **公告**가 나붙었다.

14. 합격자를 게시판에 **告示**하였다.

15. **課外**비용이 대다수 학부모에게 적지 않은 부담을 주고 있다.

16. 학생들은 학교에서 종례를 끝으로 그날의 **日課**를 마친다.

17. 나는 **過去**에 교사 생활을 한 적이 있다.

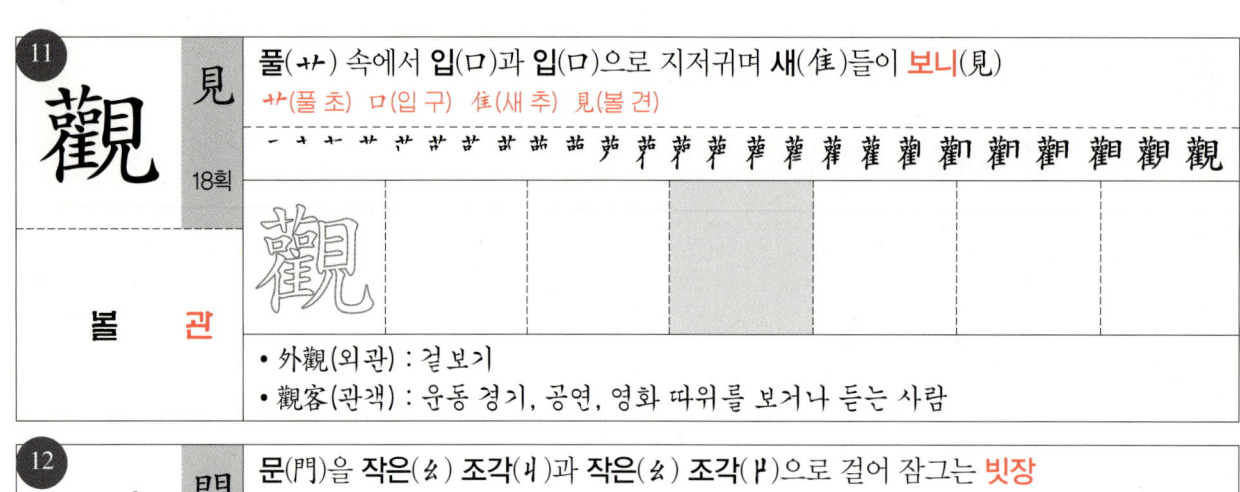

11 觀 見 / 18획 / 볼 관

풀(艹) 속에서 입(口)과 입(口)으로 지저귀며 새(隹)들이 보니(見)
艹(풀 초) 口(입 구) 隹(새 추) 見(볼 견)

- 外觀(외관) : 겉보기
- 觀客(관객) : 운동 경기, 공연, 영화 따위를 보거나 듣는 사람

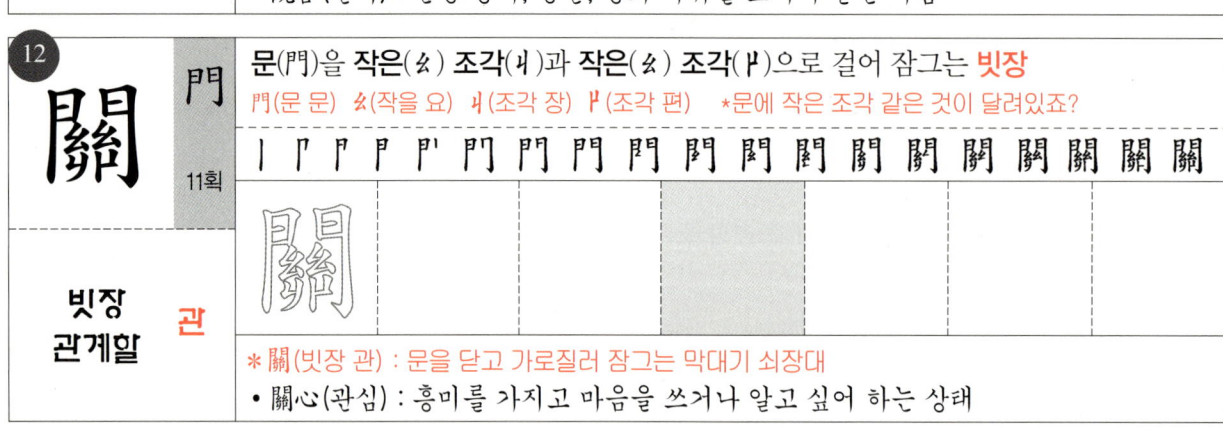

12 關 門 / 11획 / 빗장, 관계할 관

문(門)을 작은(幺) 조각(丬)과 작은(幺) 조각(卩)으로 걸어 잠그는 빗장
門(문 문) 幺(작을 요) 丬(조각 장) 卩(조각 편) *문에 작은 조각 같은 것이 달려있죠?

* 關(빗장 관) : 문을 닫고 가로질러 잠그는 막대기 쇠장대
- 關心(관심) : 흥미를 가지고 마음을 쓰거나 알고 싶어 하는 상태

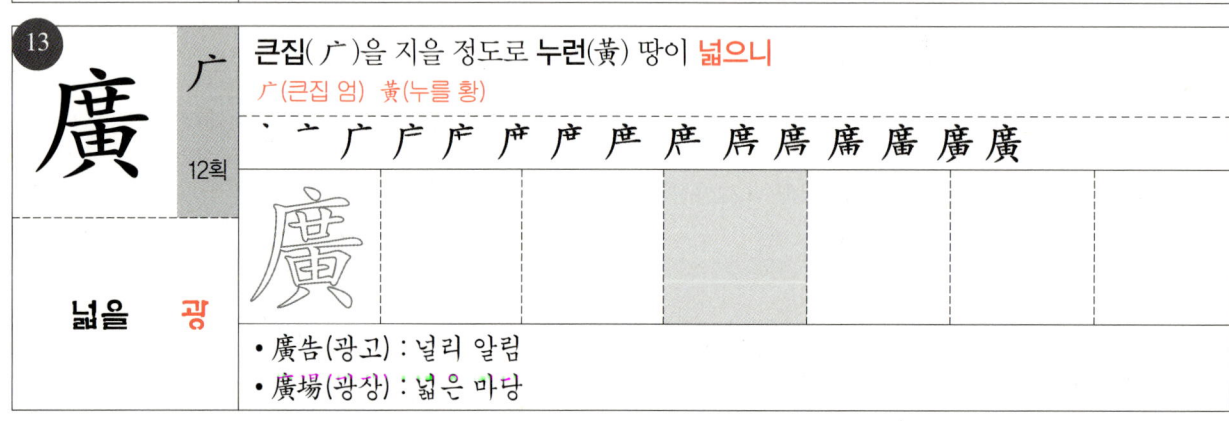

13 廣 广 / 12획 / 넓을 광

큰집(广)을 지을 정도로 누런(黃) 땅이 넓으니
广(큰집 엄) 黃(누를 황)

- 廣告(광고) : 널리 알림
- 廣場(광장) : 넓은 마당

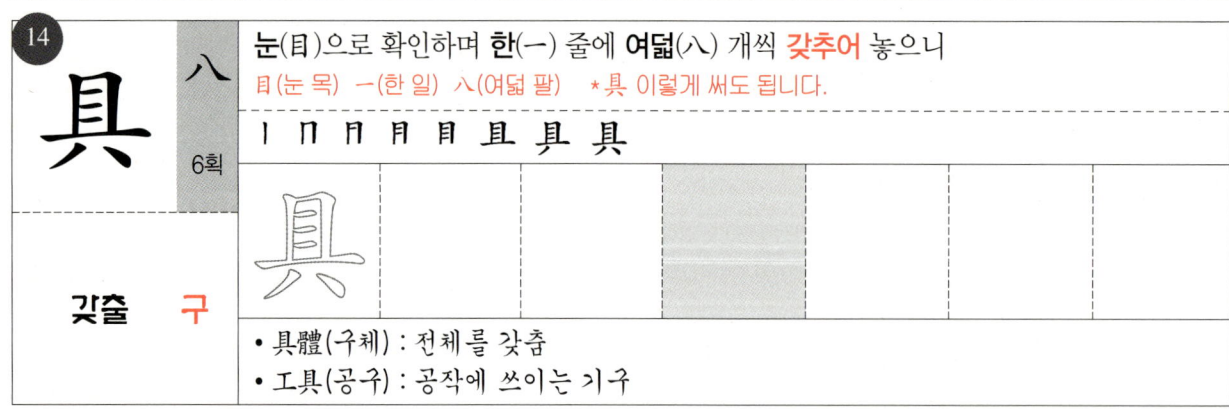

14 具 八 / 6획 / 갖출 구

눈(目)으로 확인하며 한(一) 줄에 여덟(八) 개씩 갖추어 놓으니
目(눈 목) 一(한 일) 八(여덟 팔) *具 이렇게 써도 됩니다.

- 具體(구체) : 전체를 갖춤
- 工具(공구) : 공작에 쓰이는 기구

자원으로 한자 알기

* 풀(艹) 속에서 입(口)과 입(口)으로 지저귀며 새(隹)들이 보니( )
* 문( )을 작은(幺) 조각(丬)과 작은(幺) 조각(卩)으로 걸어 잠그는 빗장
* 큰집( )을 지을 정도로 누런(黃) 땅이 넓으니
* 눈(目)으로 확인하며 한(一) 줄에 여덟( ) 개씩 갖추어 놓으니

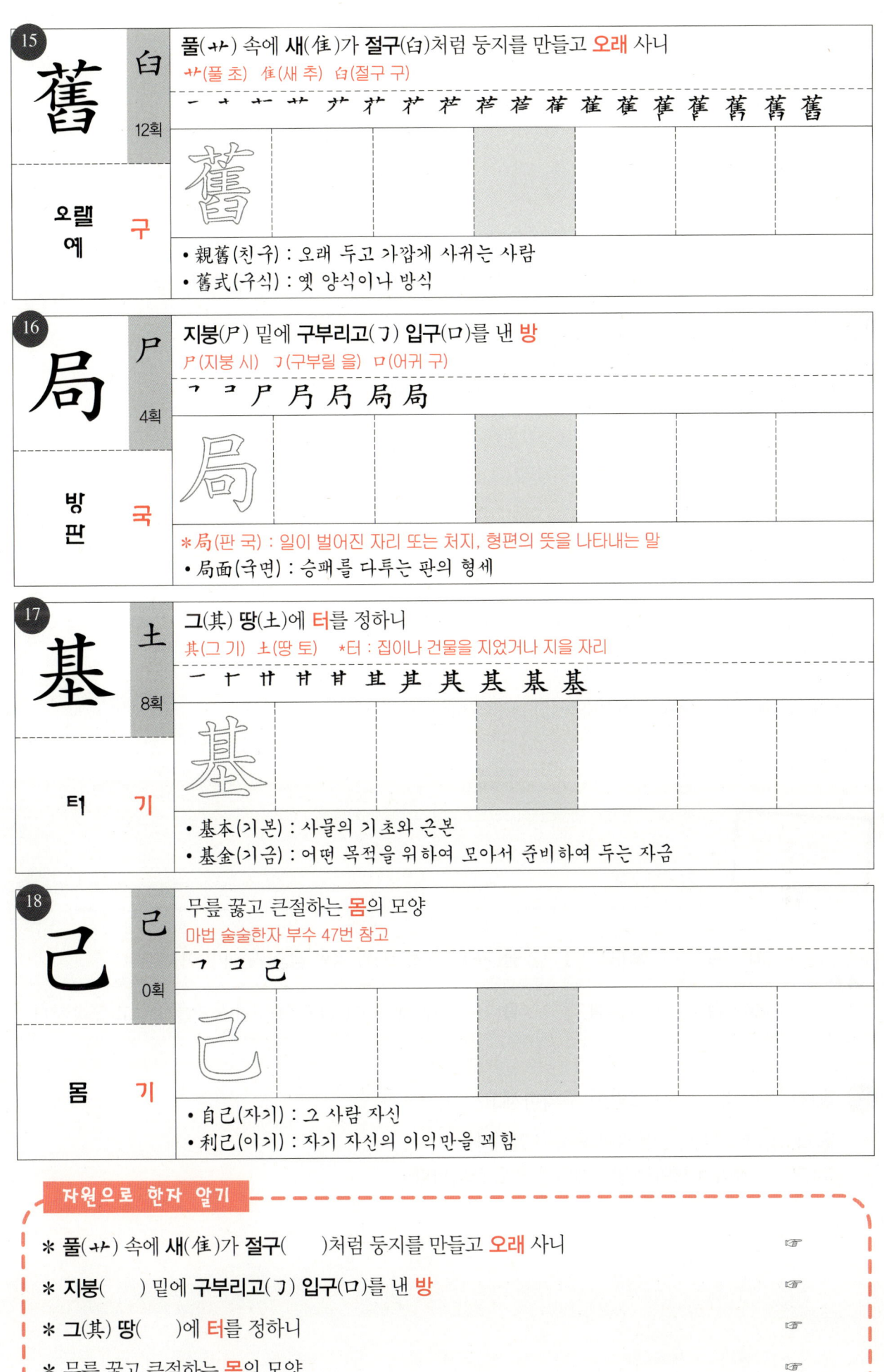

15. 舊 (오랠 구) — 12획

풀(艹) 속에 새(隹)가 절구(臼)처럼 둥지를 만들고 **오래** 사니
艹(풀 초) 隹(새 추) 臼(절구 구)

- 親舊(친구) : 오래 두고 가깝게 사귀는 사람
- 舊式(구식) : 옛 양식이나 방식

16. 局 (방 국) — 4획

지붕(尸) 밑에 **구부리고**(フ) 입구(口)를 낸 **방**
尸(지붕 시) フ(구부릴 을) 口(어귀 구)

*局(판 국) : 일이 벌어진 자리 또는 처지, 형편의 뜻을 나타내는 말
- 局面(국면) : 승패를 다투는 판의 형세

17. 基 (터 기) — 8획

그(其) 땅(土)에 **터**를 정하니
其(그 기) 土(땅 토) *터 : 집이나 건물을 지었거나 지을 자리

- 基本(기본) : 사물의 기초와 근본
- 基金(기금) : 어떤 목적을 위하여 모아서 준비하여 두는 자금

18. 己 (몸 기) — 0획

무릎 꿇고 큰절하는 **몸**의 모양
마법 술술한자 부수 47번 참고

- 自己(자기) : 그 사람 자신
- 利己(이기) : 자기 자신의 이익만을 꾀함

자원으로 한자 알기

* 풀(艹) 속에 새(隹)가 절구(　)처럼 둥지를 만들고 **오래** 사니
* 지붕(　) 밑에 **구부리고**(フ) 입구(口)를 낸 **방**
* 그(其) 땅(　)에 **터**를 정하니
* 무릎 꿇고 큰절하는 **몸**의 모양

19 念 생각 념	心 4획	지금(今)까지 마음(心)에 담아두고 생각하니 今(이제 금) 心(마음 심) *지나간 일을 잊지 않고 지금까지 마음에 담아두고 생각한다는 뜻입니다.
		ノ 人 人 今 今 念 念 念
		念
		• 信念(신념) : 굳게 믿는 마음 • 記念(기념) : 어떤 뜻 깊은 일에 대하여 잊지 아니하고 마음에 간직함

20 能 능할 능	月 6획	내(厶) 몸(月)은 비수(匕)와 비수(匕) 다루는 일에 능하니 厶(나 사) 月(몸 월) 匕(비수 비) *비수 : 날이 예리하고 짧은 칼
		ノ ム 스 育 育 育 能 能 能
		能
		• 萬能(만능) : 모든 일에 능숙함 • 能力(능력) : 일을 감당해내는 힘

자원으로 한자 알기

* 지금(今)까지 마음( )에 담아두고 생각하니　　☞
* 내(厶) 몸( )은 비수(匕)와 비수(匕) 다루는 일에 능하니　　☞

一思多得

++	+ 日 内 = 萬(많을 만)	풀(++)숲에 해(日)가 지면 짐승(内)이 많이 다니니
	+ 隹 臼 = 舊(오랠 구)	풀(++) 속에 새(隹)가 절구(臼)처럼 둥지를 만들고 오래 사니

⑰ 基(터 기)　其(그 기) 쓰임에 주의하세요.

基(터 기) : 터, 기초, 근본의 뜻으로 쓰입니다.

其(그 기) : 가리켜 보이는 말 (그)의 뜻으로 쓰입니다.

다음 한자를 나누고 **자원**을 쓰면서 익히세요.

한자					
觀 볼 관	=	+	+	+	+
關 빗장 관	=	+	+	+	+
廣 넓을 광	=	+			
具 갖출 구	=	+	+		
舊 오랠 구	=	+	+		
局 방 국	=	+	+		
基 터 기	=	+			
己 몸 기	=				
念 생각 념	=	+			
能 능할 능	=	+	+	+	

다음 한자어의 **독음**을 쓰세요.

外 觀	觀 客	關 心	廣 告
廣 場	具 體	工 具	親 舊
舊 式	局 面	基 本	基 金
自 己	利 己	信 念	記 念
萬 能	能 力		

다음 한자어를 **한자**로 쓰세요.

바깥 외 볼 관	관계할 관 마음 심	넓을 광 알릴 고	갖출 구 몸 체
친할 친 오랠 구	판 국 모양 면	터 기 근본 본	자기 자 몸 기
믿을 신 생각 념	많을 만 능할 능	볼 관 손 객	넓을 광 마당 장
만들 공 연장 구	예 구 법 식	터 기 돈 금	이로울 리 자기 기
기억할 기 생각 념	능할 능 힘 력		

예문으로 한자어 익히기 (한자로 쓰인 단어의 뜻을 써보세요.)

1. 外觀이 아름답다.

2. 이번에 개봉한 영화에 觀客이 많이 몰렸다.

3. 선거전이 치열했던 만큼 선거 결과에 대한 국민들의 關心도 대단히 높다.

4. 신문에 신제품 廣告를 하였다.

5. 환영 인파가 廣場을 가득 메웠다.

6. 자신의 미래 희망을 具體적으로 말해 보세요.

7. 목재를 가공할 때에는 톱·장도리·곱자·대패 등 여러 가지 工具가 쓰인다.

8. 그는 나의 둘도 없는 親舊다.

9. 그는 낡고 무거운 舊式의 커다란 가죽 가방을 항상 옆구리에 끼고 다닌다.

10. 새로운 局面으로 접어들었다.

11. 무슨 일을 하든지 基本이 충실해야 발전할 수 있다.

12. 이번에 모은 돈은 장학 사업을 위한 基金으로 사용할 예정이다.

13. 성공한 사람은 自己 일에 항상 최선을 다한다.

14. 요즘은 利己적인 사람이 많다.

15. 그는 굳은 信念을 지닌 사람이다.

16. 광복절 記念 행사에 참석하였다.

17. 그는 萬能 스포츠맨이다.

18. 회사는 업무 처리 能力이 뛰어난 사람을 원한다.

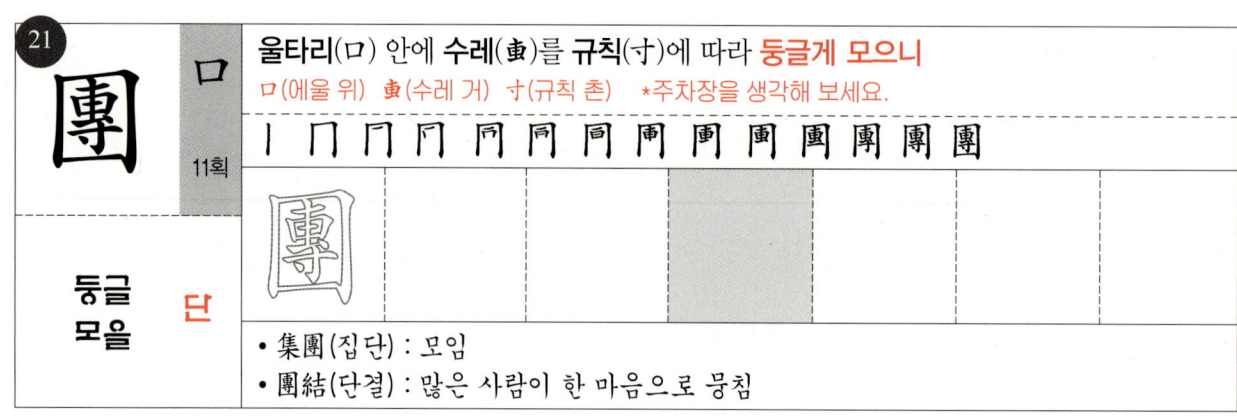

21 團 (11획) — 둥글 모을 **단**

口
울타리(口) 안에 **수레**(車)를 **규칙**(寸)에 따라 **둥글게 모으니**
口(에울 위) 車(수레 거) 寸(규칙 촌) *주차장을 생각해 보세요.

| 丨 冂 冂 冃 冋 同 同 円 團 團 團 |

- 集團(집단) : 모임
- 團結(단결) : 많은 사람이 한 마음으로 뭉침

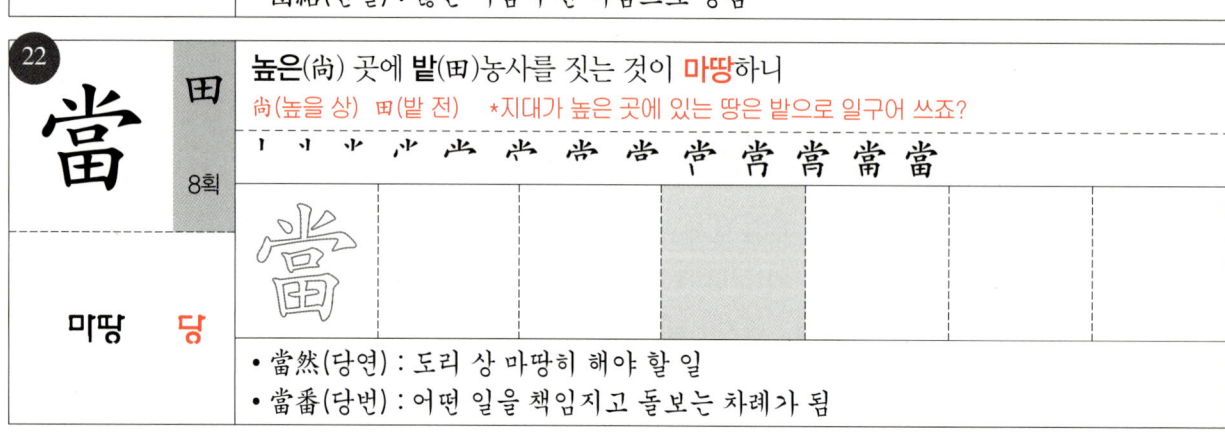

22 當 (8획) — 마땅 **당**

田
높은(尚) 곳에 **밭**(田)농사를 짓는 것이 **마땅하니**
尚(높을 상) 田(밭 전) *지대가 높은 곳에 있는 땅은 밭으로 일구어 쓰죠?

| 丨 丨 丷 ⺌ 屶 屶 屶 屶 常 常 常 當 |

- 當然(당연) : 도리 상 마땅히 해야 할 일
- 當番(당번) : 어떤 일을 책임지고 돌보는 차례가 됨

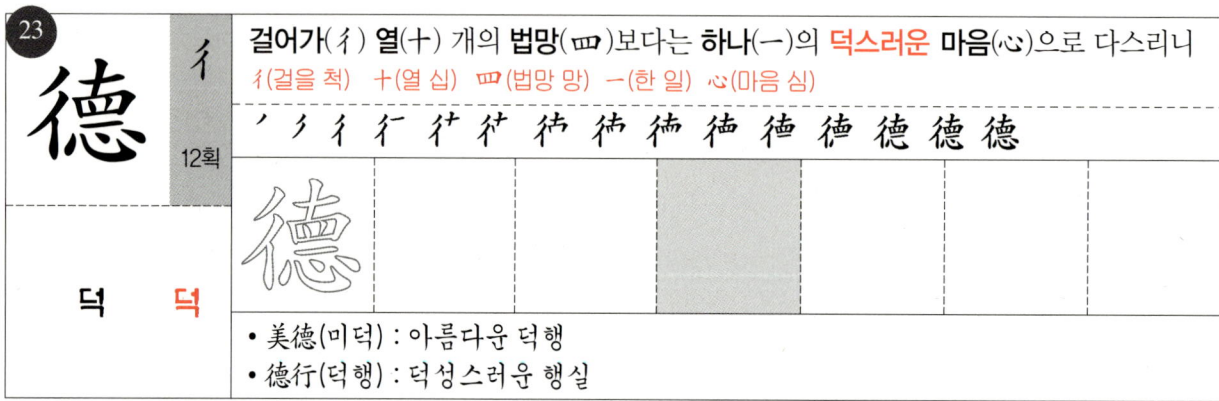

23 德 (12획) — 덕 **덕**

彳
걸어가(彳) **열**(十) 개의 **법망**(罒)보다는 **하나**(一)의 **덕스러운 마음**(心)으로 다스리니
彳(걸을 척) 十(열 십) 罒(법망 망) 一(한 일) 心(마음 심)

| 丿 彳 彳 彳 彳 㣇 㣇 㣇 德 德 德 德 |

- 美德(미덕) : 아름다운 덕행
- 德行(덕행) : 덕성스러운 행실

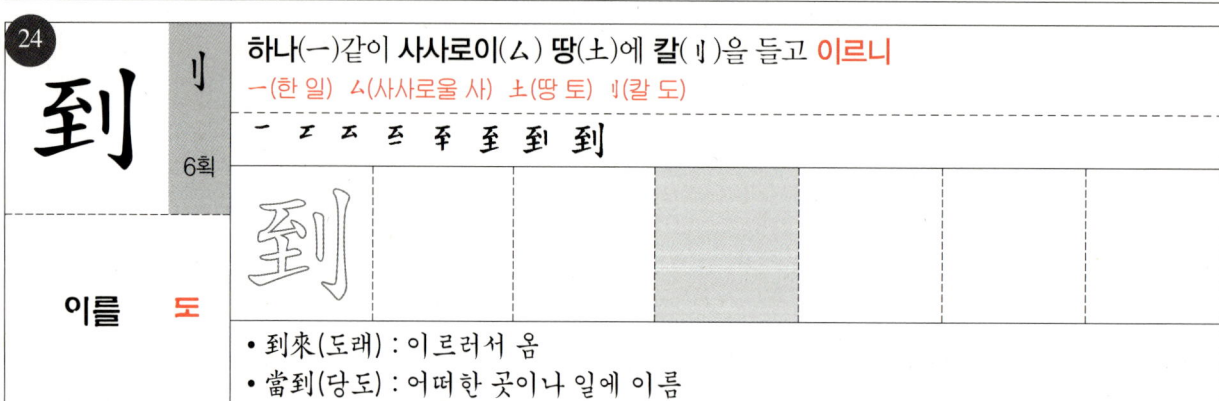

24 到 (6획) — 이를 **도**

刂
하나(一)같이 **사사로이**(厶) **땅**(土)에 **칼**(刂)을 들고 **이르니**
一(한 일) 厶(사사로울 사) 土(땅 토) 刂(칼 도)

| 一 丆 至 至 至 到 到 |

- 到來(도래) : 이르러서 옴
- 當到(당도) : 어떠한 곳이나 일에 이름

자원으로 한자 알기

* 울타리(　) 안에 **수레**(車)를 **규칙**(寸)에 따라 **둥글게 모으니** ☞
* **높은**(尚) 곳에 **밭**(　)농사를 짓는 것이 **마땅하니** ☞
* **걸어가**(　) **열**(十) 개의 **법망**(罒)보다는 **하나**(一)의 **덕스러운 마음**(心)으로 다스리니 ☞
* **하나**(一)같이 **사사로이**(厶) **땅**(土)에 **칼**(　)을 들고 **이르니** ☞

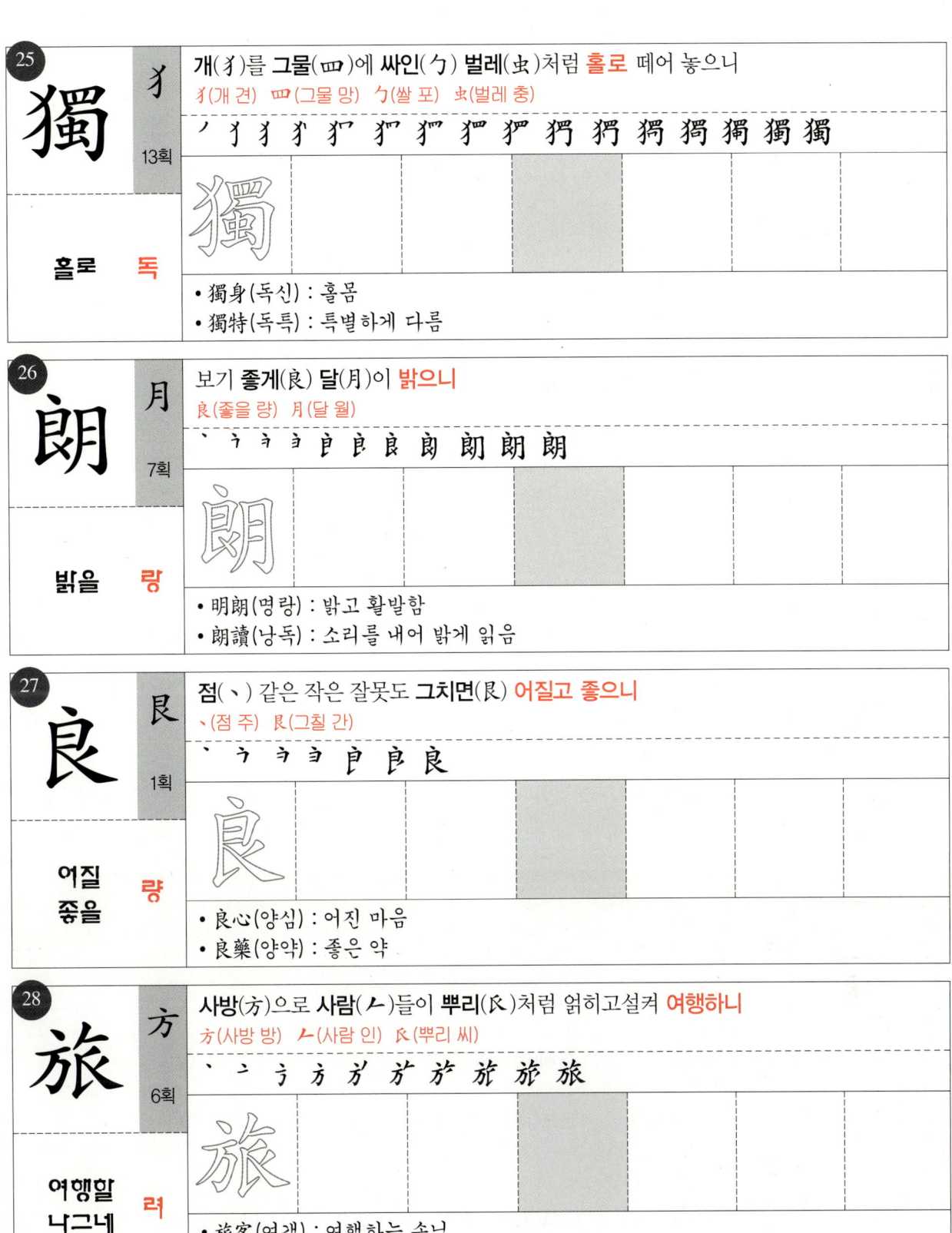

자원으로 한자 알기

* 개(   )를 그물(四)에 싸인(勹) 벌레(虫)처럼 홀로 떼어 놓으니
* 보기 좋게(良) 달(   )이 밝으니
* 점(丶) 같은 작은 잘못도 그치면(   ) 어질고 좋으니
* 사방(   )으로 사람(人)들이 뿌리(氏)처럼 얽히고설켜 여행하니

29. 歷 (止, 12획) — 지낼 력

바위(厂) 밑에 벼(禾)와 벼(禾)를 저장하고 그쳐(止) 겨울을 **지내니**
厂(바위 엄) 禾(벼 화) 止(그칠 지) *벼를 수확하여 바위 밑에 저장해 두고 겨울을 지낸다는 뜻입니다.

一 厂 厂 厂 厂 厂 厤 厤 厤 厤 厤 歷 歷 歷

- 來歷(내력) : 겪어 온 자취
- 歷代(역대) : 지내 내려온 여러 대

30. 練 (糸, 9획) — 익힐 련

실(糸)로 나무(木)에 그물(罒) 치는 법을 **익히니**
糸(실 사) 木(나무 목) 罒(그물 망)

` ` ` 幺 幺 糸 糸 紀 紉 紉 紉 紉 綀 練 練

- 訓練(훈련) : 가르쳐서 익히게 함
- 練習(연습) : 자꾸 되풀이하여 익힘

자원으로 한자 알기

* 바위(厂) 밑에 벼(禾)와 벼(禾)를 저장하고 그쳐(　) 겨울을 **지내니**
* 실(　)로 나무(木)에 그물(罒) 치는 법을 **익히니**

一思多得

尙	+ 土	= 堂(집 당)	높게(尙) 땅(土)에 지은 **집**
	+ 田	= 當(마땅 당)	높은(尙) 곳에 밭(田)농사를 짓는 것이 **마땅**하니

木	+		= 根(뿌리 근)	나무(木)가 제자리에 그쳐(艮) 있는 것은 **뿌리** 때문이니
金	+	艮	= 銀(은 은)	값어치가 금(金) 다음에 그쳐(艮) 있는 **은**
丶	+		= 良(어질 량)	점(丶) 같은 작은 잘못도 그치면(艮) **어질고** 좋으니

糸	+ 士 口	= 結(맺을 결)	실(糸)을 선비(士)가 입(口)에 물고 묶어 **맺으니**
	+ 木 罒	= 練(익힐 련)	실(糸)로 나무(木)에 그물(罒) 치는 법을 **익히니**

38

다음 한자를 나누고 **자원**을 쓰면서 익히세요.

團 (둥글 단) = ☐ + ☐ + ☐

當 (마땅 당) = ☐ + ☐

德 (덕 덕) = ☐ + ☐ + ☐ + ☐ + ☐

到 (이를 도) = ☐ + ☐ + ☐ + ☐

獨 (홀로 독) = ☐ + ☐ + ☐ + ☐

朗 (밝을 랑) = ☐ + ☐

良 (어질 량) = ☐ + ☐

旅 (여행할 려) = ☐ + ☐ + ☐

歷 (지낼 력) = ☐ + ☐ + ☐ + ☐

練 (익힐 련) = ☐ + ☐ + ☐

다음 한자어의 **독음**을 쓰세요.

集團	團結	當然	當番
美德	德行	到來	當到
獨身	獨特	明朗	朗讀
良心	良藥	旅客	旅行
來歷	歷代	訓練	練習

다음 한자어를 **한자**로 쓰세요.

모일 집	모을 단	마땅 당	그럴 연	아름다울 미	덕 덕	이를 도	올 래
홀로 독	몸 신	밝을 명	밝을 랑	어질 량	마음 심	여행할 려	손 객
올 래	지낼 력	가르칠 훈	익힐 련	모을 단	맺을 결	마땅 당	차례 번
덕 덕	행할 행	마땅 당	이를 도	홀로 독	특별할 특	밝을 랑	읽을 독
좋을 량	약 약	여행할 려	다닐 행	지낼 력	세대 대	익힐 련	익힐 습

예문으로 한자어 익히기 (한자로 쓰인 단어의 뜻을 써보세요.)

1. 개인의 욕심을 버리고 **集團**의 이익을 위해 행동한다.

2. 온 국민의 **團結**로 국난을 극복하자.

3. 죄를 지으면 벌을 받는 것은 **當然**한 이치이다.

4. 오후에 **當番**인 조가 다른 조와 교대하였다.

5. 노약자에게 자리를 양보하는 것은 우리의 아름다운 **美德**이다.

6. 그는 학문과 **德行**이 뛰어나 이름을 널리 떨쳤다.

7. 새 시대의 **到來**를 알리는 국민의 함성이 힘차다.

8. 그들은 다른 일행보다 산 정상에 먼저 **當到**했다.

9. 그는 연구에 열중하느라 결혼도 하지 않고 평생을 **獨身**으로 지냈다.

10. 나라마다 각 민족의 **獨特**한 생활 풍습이 있다.

11. 그 아이는 성격이 **明朗**하다.

12. 법정에서 판결문 **朗讀**이 시작되자 모두 숨을 죽였다.

13. 그 일을 저지를 때만 해도 엄마에게만 미안했지 **良心**에 꺼리진 않았었다.

14. 원래 **良藥**은 입에 쓰고 좋은 말은 귀에 거슬리는 법이다.

15. 기차 안은 **旅客**들로 붐볐다.

16. 시험이 끝나면 친구들과 제주도로 **旅行**을 갈 생각이다.

17. 살아온 **來歷**을 책으로 엮다.

18. 이번 선거는 **歷代**에 보지 못한 공정한 선거였다.

19. **訓練**을 조금씩 시키고 있다.

20. 외국어를 유창하게 하기 위해서는 많은 **練習**이 필요하다.

31. 勞 (力, 10획) — 일할 로

불(火)과 불(火)에 덮여(冖) 힘(力)써 **일하니**

火(불 화) 冖(덮을 멱) 力(힘 력) *늦은 밤까지 불을 켜 놓고 힘써 일한다는 뜻입니다.

- 勞動(노동) : 일을 함
- 功勞(공로) : 어떤 목적을 이루는 데에 힘쓴 노력이나 수고

32. 流 (氵, 7획) — 흐를 류

물(氵)이 머리(亠)에 갓 쓴 내(厶) 앞으로 내(川)처럼 **흐르니**

氵(물 수) 亠(머리 두) 厶(나 사) 川(내 천)

- 流水(유수) : 흐르는 물
- 交流(교류) : 서로 뒤섞이어 흐름

33. 類 (頁, 10획) — 무리 비슷할 류

쌀(米)알처럼 개(犬)의 머리(頁)가 **무리**를 지어 **비슷하니**

米(쌀 미) 犬(개 견) 頁(머리 혈) *개의 생김새가 비슷비슷하다는 뜻입니다.

- 分類(분류) : 종류에 따라 나눔
- 類例(유례) : 같거나 비슷한 사례

34. 陸 (阝, 8획) — 뭍 륙

언덕(阝)과 언덕(坴)으로 이루어진 **육지**

阝(언덕 부) 土(흙 토, 땅 토) 儿(걷는 사람 인)

* 坴(언덕 륙) : 흙(土)을 사람(儿)이 땅(土) 위에 쌓아 만든 언덕
- 大陸(대륙) : 광대한 육지

자원으로 한자 알기

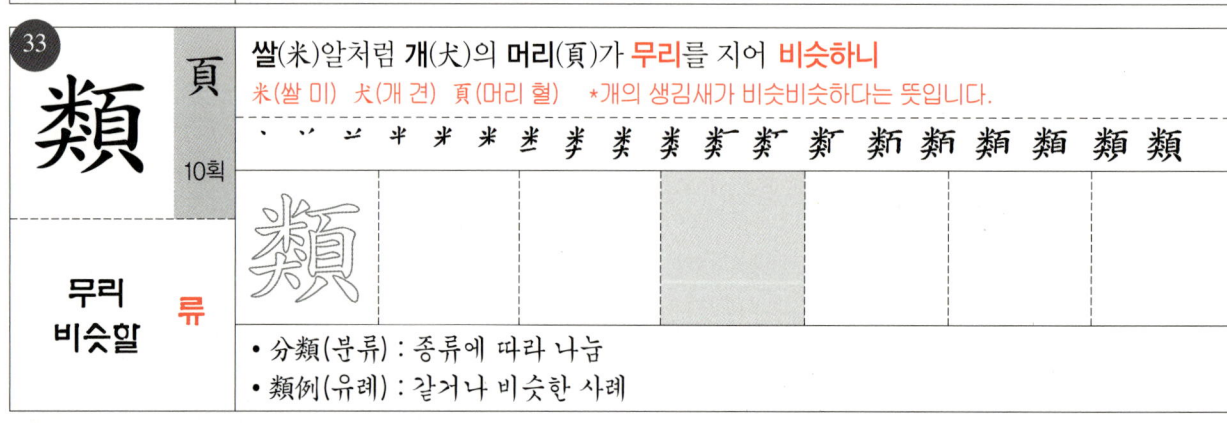
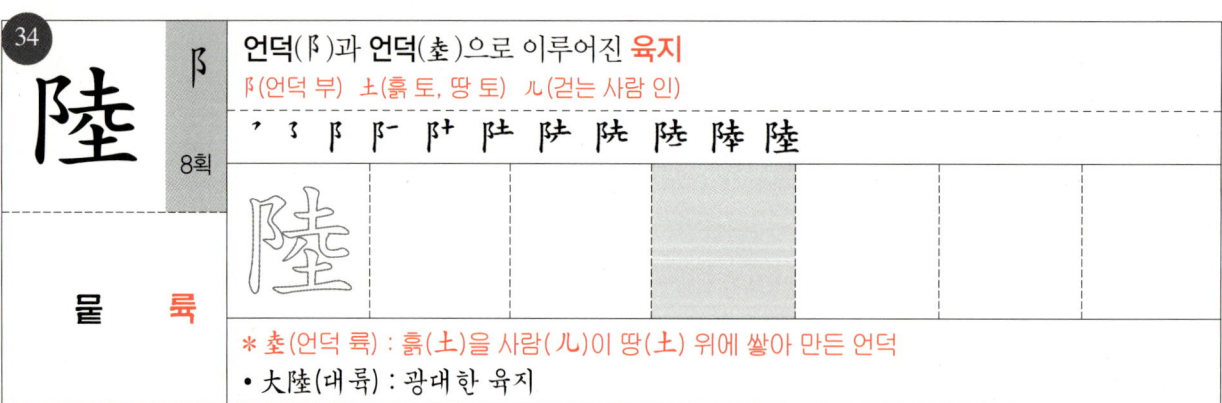

* 불(火)과 불(火)에 덮여(冖) 힘(   )써 **일하니**
* 물(   )이 머리(亠)에 갓 쓴 내(厶) 앞으로 내(川)처럼 **흐르니**
* 쌀(米)알처럼 개(犬)의 머리(   )가 **무리**를 지어 **비슷하니**
* 언덕(   )과 언덕(坴)으로 이루어진 **육지**

35 望 (7획) — 바라볼, 바랄 망

망하여(亡) 달(月)을 **바라보며** 왕(王)처럼 되기를 **바라니**
亠(머리 두) ㄴ(숨을 혜) 月(달 월) 王(임금 왕)

亠 ㄴ ㅗ 圡 朗 朗 朗 朗 望 望

* 亡(망할 망) : 머리(亠)를 숙이고 숨을(ㄴ) 정도로 망하니
- 大望(대망) : 큰 희망

36 法 (5획) — 법 법

물(氵)이 평평하게 흘러**가듯**(去) 공평하게 적용하라는 **법**
氵(물 수) 土(땅 토) ㄠ(사사로울 사)   *물이 높고 낮음이 없이 흘러가듯 법도 공평하라는 뜻입니다.

丶 丶 氵 氵 汁 注 法 法

* 去(갈 거) : 땅(土)에 사사로이(ㄠ) 침범한 적을 가 없애니
- 法令(법령) : 법률과 명령

37 變 (16획) — 변할 변

말(言)을 실(糸)과 실(糸)처럼 길게 늘여 훈계하고 **치면**(攵) **변하니**
言(말씀 언) 糸(실 사) 攵(칠 복)   *잘 훈계하고 치면서 옳은 길로 인도하면 변한다는 뜻입니다.

亠 亠 言 言 言 言 緿 緿 緿 緿 緣 緣 緣 緣 變 變 變

- 變速(변속) : 속도를 바꿈
- 急變(급변) : 급하게 변함

38 兵 (5획) — 병사 병

도끼(斤)를 하나(一)씩 들고 **나누어**(八) 있는 **병사**
斤(도끼 근) 一(한 일) 八(나눌 팔)

丶 丆 斤 斤 斤 兵 兵

- 勇兵(용병) : 용감한 병사
- 新兵(신병) : 새로 입영한 병사

자원으로 한자 알기

* 망하여(亡) 달(   )을 **바라보며** 왕(王)처럼 되기를 **바라니** ☞
* 물(   )이 평평하게 흘러**가듯**(去) 공평하게 적용하라는 **법** ☞
* 말(   )을 실(糸)과 실(糸)처럼 길게 늘여 훈계하고 **치면**(攵) **변하니** ☞
* 도끼(斤)를 하나(一)씩 들고 **나누어**(   ) 있는 **병사** ☞

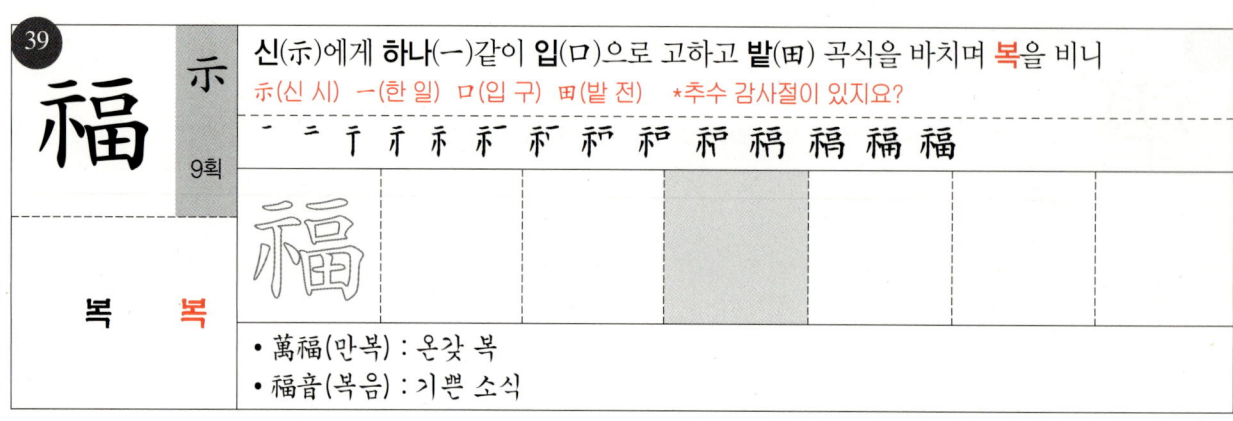

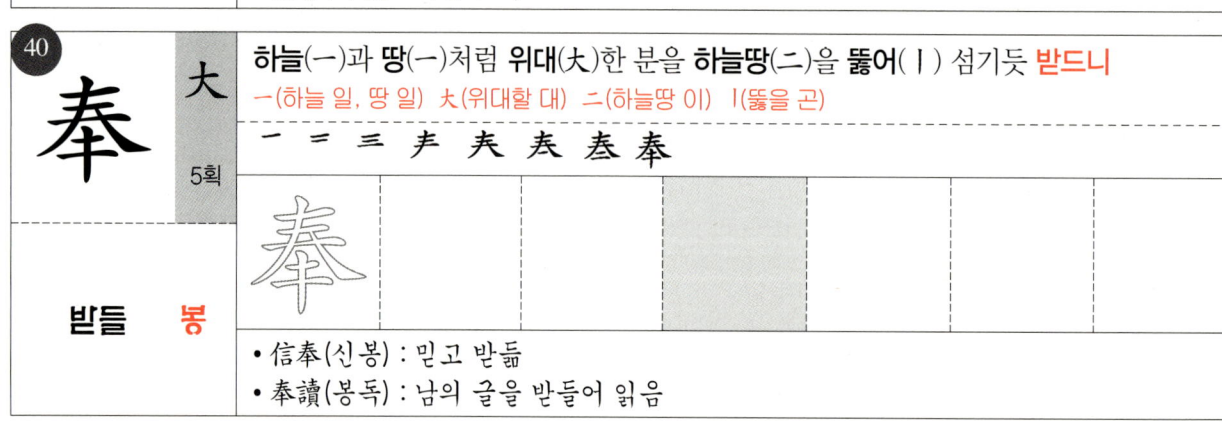

자원으로 한자 알기

* 신(   )에게 하나(一)같이 입(口)으로 고하고 밭(田) 곡식을 바치며 복을 비니
* 하늘(一)과 땅(一)처럼 위대(   )한 분을 하늘땅(二)을 뚫어(丨) 섬기듯 받드니

一思多得

⑩ 奉(받들 봉) 春(봄 춘) 잘 구별하세요.

奉(받들봉) : 하늘(一)과 땅(一)처럼 위대(大)한 분을 하늘땅(二)을 뚫어(丨) 섬기듯 받드니
春(봄춘) : 하늘(一)과 땅(一)에 크게(大) 해(日)가 비추는 봄

다음 한자를 나누고 **자원**을 쓰면서 익히세요.

다음 한자어의 **독음**을 쓰세요.

勞 動	功 勞	流 水	交 流
分 類	類 例	大 陸	大 望
法 令	變 速	急 變	勇 兵
新 兵	萬 福	福 音	信 奉
奉 讀			

 다음 한자어를 **한자**로 쓰세요.

일할 로 움직일 동	흐를 류 물 수	나눌 분 무리 류	큰 대 뭍 륙
큰 대 바랄 망	법 법 명령할 령	변할 변 빠를 속	용감할 용 병사 병
많을 만 복 복	믿을 신 받들 봉	공 공 공로 로	섞일 교 흐를 류
비슷할 류 사례 례	급할 급 변할 변	새 신 병사 병	복 복 소리 음
받들 봉 읽을 독			

46

예문으로 한자어 익히기 (한자로 쓰인 단어의 뜻을 써보세요.)

1. 그는 勞動으로 생계를 꾸린다.

2. 높은 功勞를 세우다.

3. 세월은 流水와 같다.

4. 예전에는 중국과의 문화적 交流를 통해 선진 문화를 받아들였다.

5. 코끼리는 멸종 위험이 가장 높은 동물로 分類된다.

6. 그들의 잔혹한 통치정책은 세계에서 類例를 찾기 힘든 것이다.

7. 같은 동양이면서도 중국은 大陸적인 특징을 보인다.

8. 大望의 새해가 밝아 왔다.

9. 노동 관련 제도 및 法令과 사례들을 수집한 보고서를 제출하다.

10. 운전할 때 變速을 너무 급하게 하지 마라.

11. 개방 정책으로 경제 구조에 急變이 일어났다.

12. 勇兵을 모집하다.

13. 新兵들을 훈련시키다.

14. 여러분의 가정에 萬福이 깃들기를 기원합니다.

15. 福音을 전파하다.

16. 그의 그 이론에 대한 信奉은 신앙과도 같았다.

17. 성경을 奉讀하였다.

41 士 선비 사람 군사 사	士 0획	많은(十) 것을 하나(一)만 들어도 아는 **선비**
		十(많을 십) 一(한 일) *선비는 하나만 들어도 많은 것을 안다는 뜻입니다.
		一 十 士
		士
		• 軍士(군사) : 군인 • 名士(명사) : 세상에 널리 알려진 사람

42 仕 벼슬 섬길 사	亻 3획	사람(亻) 중에서 **선비(士)**만 **벼슬**하니
		亻(사람 인) 士(선비 사) *옛날에는 과거시험을 통하여 대부분 선비만 벼슬하여 임금을 섬겼죠?
		ノ 亻 亻 什 仕
		仕
		• 出仕(출사) : 벼슬길에 나아감 • 奉仕(봉사) : 남을 위하여 일함

43 史 역사 사	口 2획	입(口)으로 이리저리 **삐치고(ノ) 파여(乀)** 전해 오는 **역사**
		口(입 구) ノ(삐침 별) 乀(파임 불) *사람들의 입을 통해서 역사가 전해 내려온다는 뜻입니다.
		ノ 口 口 史 史
		史
		• 國史(국사) : 한 나라의 역사 • 史書(사서) : 역사에 관한 책

44 産 낳을 산	生 6획	허리를 세워(立) **끈(ノ)**을 잡고 **낳으니(生)**
		立(설 립) ノ(끈 별) 生(날 생) *여자가 몸을 비스듬히 세워 끈을 잡고 아기를 낳는다는 뜻입니다.
		、 一 亠 方 立 产 产 产 产 産 産
		産
		• 産業(산업) : 생산을 하는 사업 • 國産(국산) : 자기 나라에서 생산함

자원으로 한자 알기

* 많은(十) 것을 하나(一)만 들어도 아는 **선비**
* 사람(   ) 중에서 **선비(士)**만 **벼슬**하니
* 입(   )으로 이리저리 **삐치고(ノ) 파여(乀)** 전해 오는 **역사**
* 허리를 세워(立) 끈(ノ)을 잡고 **낳으니**(   )

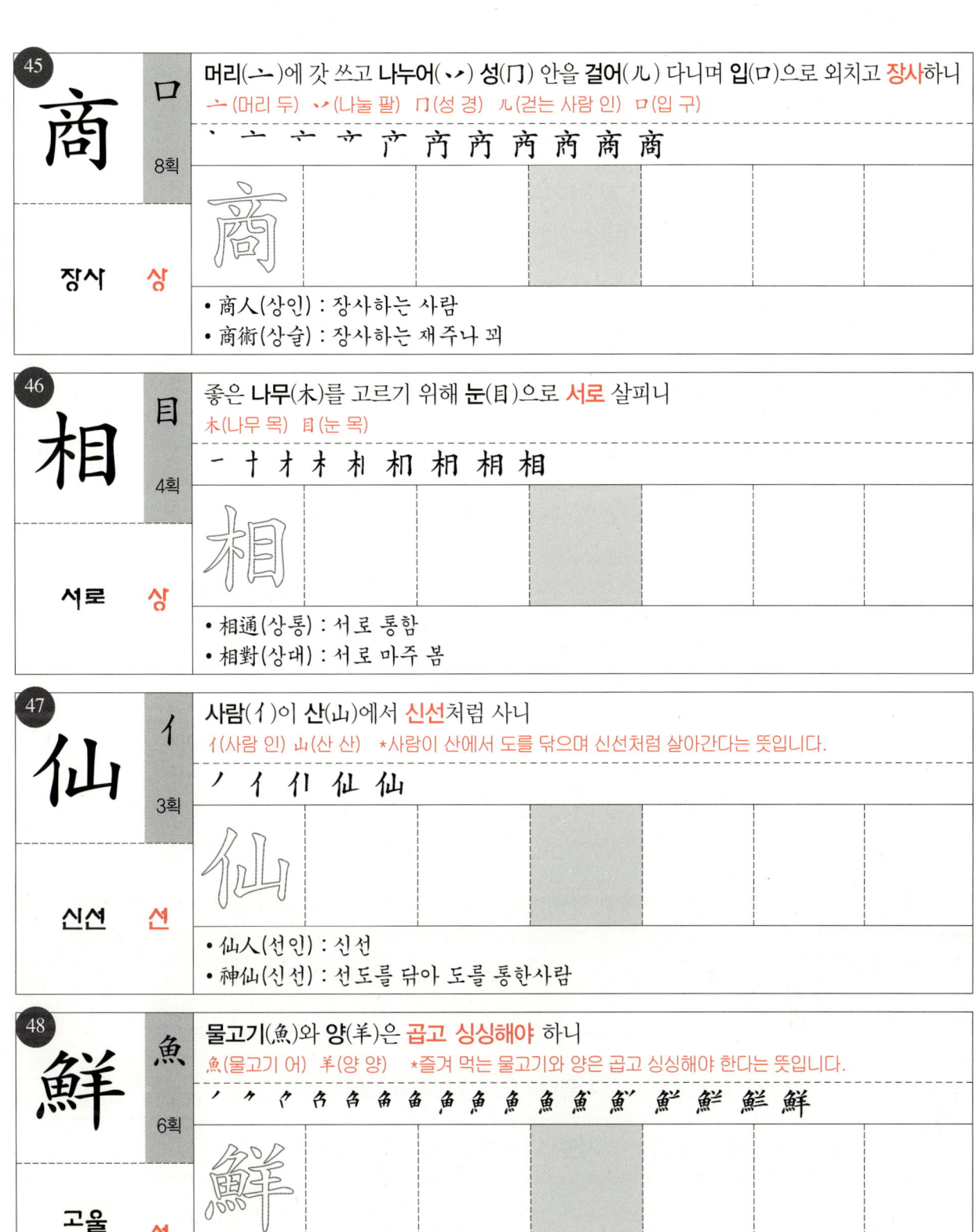

자원으로 한자 알기

* 머리(亠)에 갓 쓰고 나누어(丷) 성(冂) 안을 걸어(儿) 다니며 입(   )으로 외치고 장사하니
* 좋은 나무(木)를 고르기 위해 눈(   )으로 서로 살피니
* 사람(   )이 산(山)에서 신선처럼 사니
* 물고기(   )와 양(羊)은 곱고 싱싱해야 하니

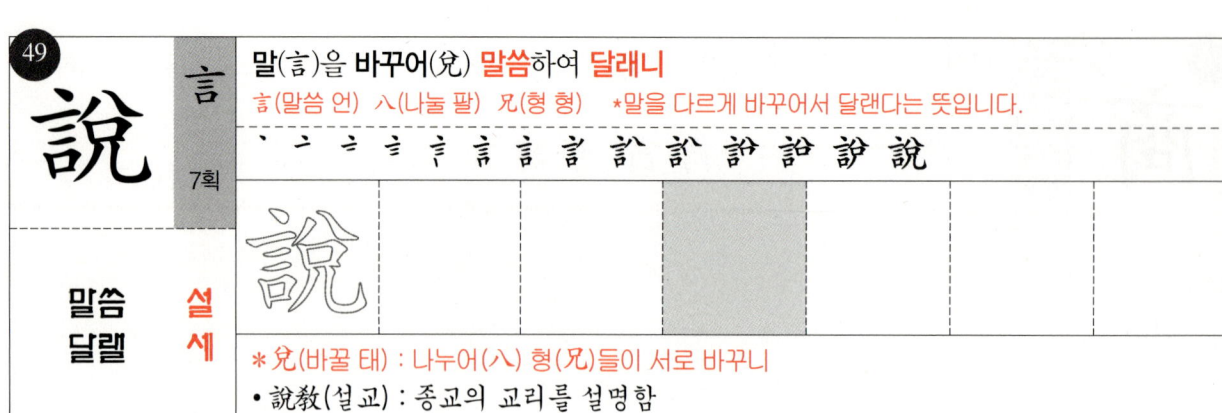

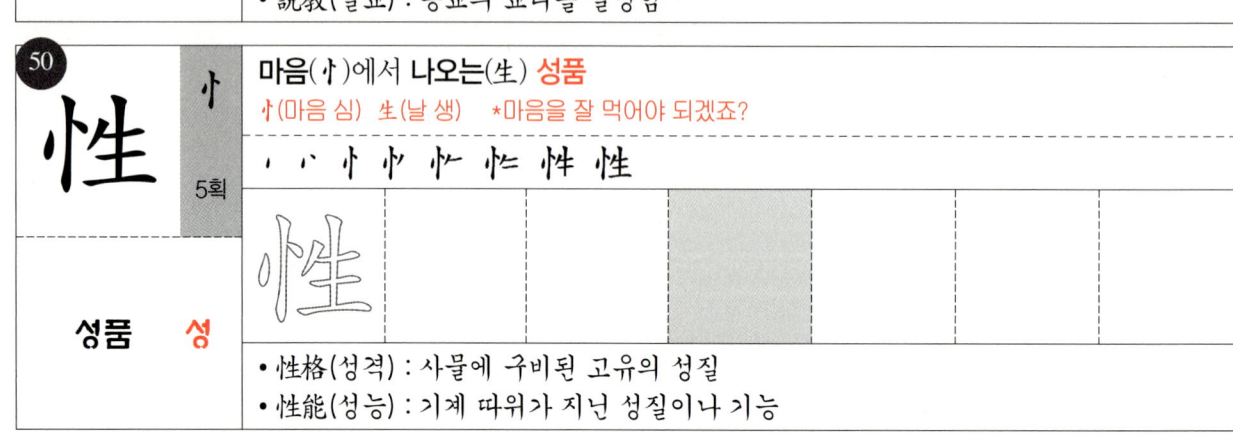

자원으로 한자 알기

* 말(　)을 바꾸어(兌) 말씀하여 달래니
* 마음(　)에서 나오는(生) 성품

一思多得

亻	+	士	=	仕(벼슬 사)	사람(亻) 중에서 선비(士)만 벼슬하니
	+	山	=	仙(신선 선)	사람(亻)이 산(山)에서 신선처럼 사니

氵	+	羊	=	洋(큰 바다 양)	물(氵)이 양(羊) 떼처럼 출렁이는 큰 바다
魚	+		=	鮮(고울 선)	물고기(魚)와 양(羊)은 곱고 싱싱해야 하니

女	+	生	=	姓(성 성)	여자(女)가 아기를 낳으면(生) 성이 붙으니
忄	+		=	性(성품 성)	마음(忄)에서 나오는(生) 성품

다음 한자를 나누고 **자원**을 쓰면서 익히세요.

士 선비 사	=		+						
仕 벼슬 사	=		+						
史 역사 사	=		+		+				
産 낳을 산	=		+		+				
商 장사 상	=		+		+		+		
相 서로 상	=		+						
仙 신선 선	=		+						
鮮 고울 선	=		+						
說 말씀 설	=		+						
性 성품 성	=		+						

다음 한자어의 **독음**을 쓰세요.

軍 士	名 士	出 仕	奉 仕
國 史	史 書	産 業	國 産
商 人	商 術	相 通	相 對
仙 人	神 仙	鮮 明	新 鮮
說 敎	性 格	性 能	

다음 한자어를 **한자**로 쓰세요.

군사 군	군사 사	나갈 출	벼슬 사	나라 국	역사 사	낳을 산	일 업
장사 상	사람 인	서로 상	통할 통	신선 선	사람 인	고울 선	밝을 명
말씀 설	종교 교	성품 성	격식 격	이름날 명	사람 사	받들 봉	섬길 사
역사 사	책 서	나라 국	낳을 산	장사 상	재주 술	서로 상	대할 대
귀신 신	신선 선	새 신	싱싱할 선	성품 성	능력 능		

예문으로 한자어 익히기 (한자로 쓰인 단어의 뜻을 써보세요.)

1. **軍士**의 사기를 북돋우다.

2. 그 회의에는 유수한 세계의 **名士**들이 모두 참석하였다.

3. 병든 어머니를 간호하기 위해 자식의 도리를 다하고자 **出仕**를 포기하였다.

4. 학생들이 **奉仕**활동을 하기 위해 복지시설을 방문했다.

5. 시험에 대비하여 **國史**를 공부하였다.

6. 역사에 관심이 많아 **史書**를 즐겨 읽는다.

7. 자국의 **産業**을 보호·육성하기 위하여 수입에 제한을 두는 나라가 늘고 있다.

8. 내 시계는 **國産**이다.

9. 시장 안은 손님을 부르는 **商人**들로 몹시 시끄러웠다.

10. **商術**이 뛰어난 사람이 돈을 잘 번다.

11. 좋든 나쁘든 4년간 같이 살아 온 사람끼리의 무언의 **相通**이라는 것이었다.

12. 저런 애들하고는 **相對**도 하지 마라.

13. 춤을 추면 백학이 나는 듯 **仙人**이 노니는 듯하다.

14. 세상을 버리고 산으로 깊숙이 들어가 **神仙**과 같은 생활을 한지 벌써 오래다.

15. **鮮明**한 아침 햇살에 눈이 부셨다.

16. 비록 우승은 못했지만 국제대회 출전은 **新鮮**한 충격이었다.

17. 그의 목소리는 목사의 **說敎**나 영화의 내레이션을 흉내 내고 있었다.

18. 그는 **性格**이 쾌활하여 모든 사람들과 잘 어울린다.

19. 자동차가 낡긴 했지만 **性能**은 훌륭하다.

자원으로 한자 알기.

1. 사람(   )이 덮여(襾) 있는 돈(貝)을 꺼내어 값을 치르니 ☞
2. 집(   )에 각각(各) 오신 손님 ☞
3. 나무(   )를 각각(各) 격식에 맞게 사용하니 ☞
4. 눈(目)으로 걸어(儿) 다니며 보니 ☞
5. 물(   ) 흐르듯 마음을 터놓고(夬) 결단하여 정하니 ☞
6. 실(   )을 선비(士)가 입(口)에 물고 묶어 맺으니 ☞
7. 진실하게(苟) 살라고 치며(   ) 깨우치는 사람을 공경하니 ☞
8. 소(牛)를 제물로 바치고 입(   )으로 소원을 고하여 알리니 ☞
9. 말(   )하여 결과(果)에 따라 공부할 것을 부과하니 ☞
10. 입 비뚤어질(咼) 정도로 빨리 뛰어(   ) 지나가니 ☞
11. 풀(艹) 속에서 입(口)과 입(口)으로 지저귀며 새(隹)들이 보니(   ) ☞
12. 문(   )을 작은(幺) 조각(丬)과 작은(幺) 조각(丬)으로 걸어 잠그는 빗장 ☞
13. 큰집(   )을 지을 정도로 누런(黃) 땅이 넓으니 ☞
14. 눈(目)으로 확인하며 한(一) 줄에 여덟(   ) 개씩 갖추어 놓으니 ☞
15. 풀(艹) 속에 새(隹)가 절구(   )처럼 둥지를 만들고 오래 사니 ☞
16. 지붕(   ) 밑에 구부리고(ㄱ) 입구(口)를 낸 방 ☞
17. 그(其) 땅(   )에 터를 정하니 ☞
18. 무릎 꿇고 큰절하는 몸의 모양 ☞
19. 지금(今)까지 마음(   )에 담아두고 생각하니 ☞
20. 내(厶) 몸(   )은 비수(匕)와 비수(匕) 다루는 일에 능하니 ☞
21. 울타리(   ) 안에 수레(車)를 규칙(寸)에 따라 둥글게 모으니 ☞
22. 높은(尙) 곳에 밭(   ) 농사를 짓는 것이 마땅하니 ☞
23. 걸어가(   ) 열(十) 개의 법망(罒)보다는 하나(一)의 덕스러운 마음(心)으로 다스리니 ☞
24. 하나(一)같이 사사로이(厶) 땅(土)에 칼(   )을 들고 이르니 ☞
25. 개(   )를 그물(罒)에 싸인(勹) 벌레(虫)처럼 홀로 떼어 놓으니 ☞

자원으로 한자 알기.

26. 보기 좋게(良) 달(　)이 밝으니
27. 점(丶) 같은 작은 잘못도 그치면(　) 어질고 좋으니
28. 사방(　)으로 사람(亻)들이 뿌리(氐)처럼 얽히고설켜 여행하니
29. 바위(厂) 밑에 벼(禾)와 벼(禾)를 저장하고 그쳐(　) 겨울을 지내니
30. 실(　)로 나무(木)에 그물(罒) 치는 법을 익히니
31. 불(火)과 불(火)에 덮여(冖) 힘(　)써 일하니
32. 물(　)이 머리(亠)에 갓 쓴 내(厶) 앞으로 내(巛)처럼 흐르니
33. 쌀(米)알처럼 개(犬)의 머리(　)가 무리를 지어 비슷하니
34. 언덕(　)과 언덕(坴)으로 이루어진 육지
35. 망하여(亡) 달(　)을 바라보며 왕(王)처럼 되기를 바라니
36. 물(　)이 평평하게 흘러가듯(去) 공평하게 적용하라는 법
37. 말(　)을 실(糸)과 실(糸)처럼 길게 늘여 훈계하고 치면(攵) 변하니
38. 도끼(斤)를 하나(一)씩 들고 나누어(　) 있는 병사
39. 신(　)에게 하나(一)같이 입(口)으로 고하고 밭(田) 곡식을 바치며 복을 비니
40. 하늘(一)과 땅(一)처럼 위대(　)한 분을 하늘땅(二)을 뚫어(丨) 섬기듯 받드니
41. 많은(十) 것을 하나(一)만 들어도 아는 선비
42. 사람(　) 중에서 선비(士)만 벼슬하니
43. 입(　)으로 이리저리 삐치고(丿) 파여(乀) 전해 오는 역사
44. 허리를 세워(쇼) 끈(丿)을 잡고 낳으니(　)
45. 머리(亠)에 갓 쓰고 나누어(丷) 성(冂) 안을 걸어(儿) 다니며 입(　)으로 외치고 장사하니
46. 좋은 나무(木)를 고르기 위해 눈(　)으로 서로 살피니
47. 사람(　)이 산(山)에서 신선처럼 사니
48. 물고기(　)와 양(羊)은 곱고 싱싱해야 하니
49. 말(　)을 바꾸어(兌) 말씀하여 달래니
50. 마음(　)에서 나오는(生) 성품

다음 한자의 뜻과 음을 쓰세요.

價	客	格	見	決	結	敬
告	課	過	觀	關	廣	具
舊	局	基		己	念	能
團	當				德	到
獨						朗
良	旅				歷	練
勞	流	類		陸	望	法
變	兵	福	奉	士	仕	史
産	商	相	仙	鮮	說	性

5Ⅱ 1-50번
형성평가

다음 뜻과 음을 지닌 **한자**를 쓰세요.

값 가	손 객	격식 격	볼 견	결단할 결	맺을 결	공경 경
고할 고	공부할 과	지날 과	볼 관	관계할 관	넓을 광	갖출 구
예 구	판 국	터 기		몸 기	생각 념	능할 능
둥글 단	마땅 당				덕 덕	이를 도

5Ⅱ 1-50번 형성평가

홀로 독						밝을 랑
어질 량	나그네 려			지낼 력	익힐 련
일할 로	흐를 류	무리 류		물 륙	바랄 망	법 법
변할 변	병사 병	복 복	받들 봉	선비 사	섬길 사	역사 사
낳을 산	장사 상	서로 상	신선 선	고울 선	말씀 설	성품 성

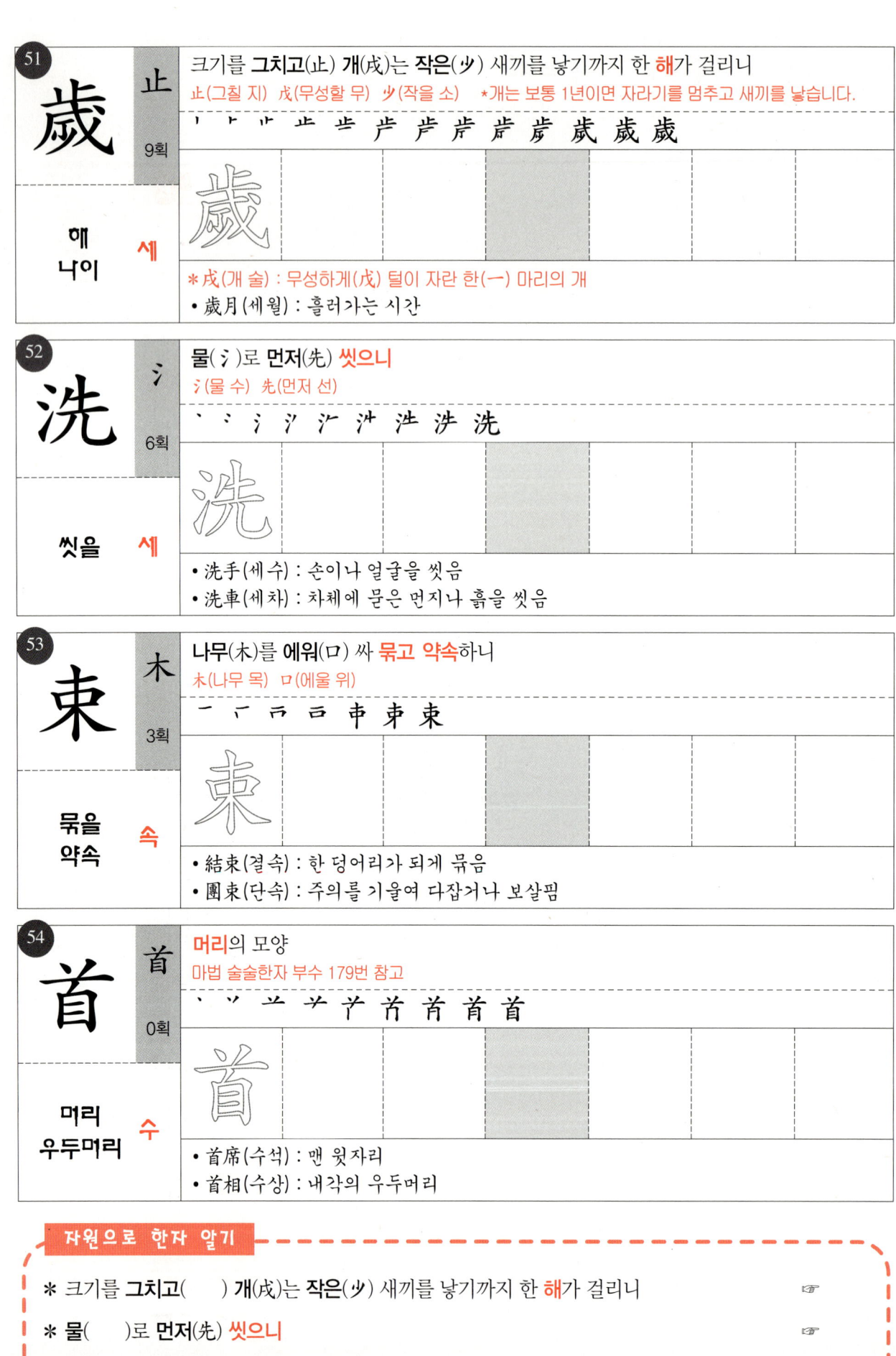

자원으로 한자 알기

* 크기를 **그치고**( ) 개(戌)는 **작은**(少) 새끼를 낳기까지 한 **해**가 걸리니 ☞
* 물( )로 먼저(先) **씻으니** ☞
* 나무( )를 에워(口) 싸 **묶고 약속**하니 ☞
* **머리**의 모양 ☞

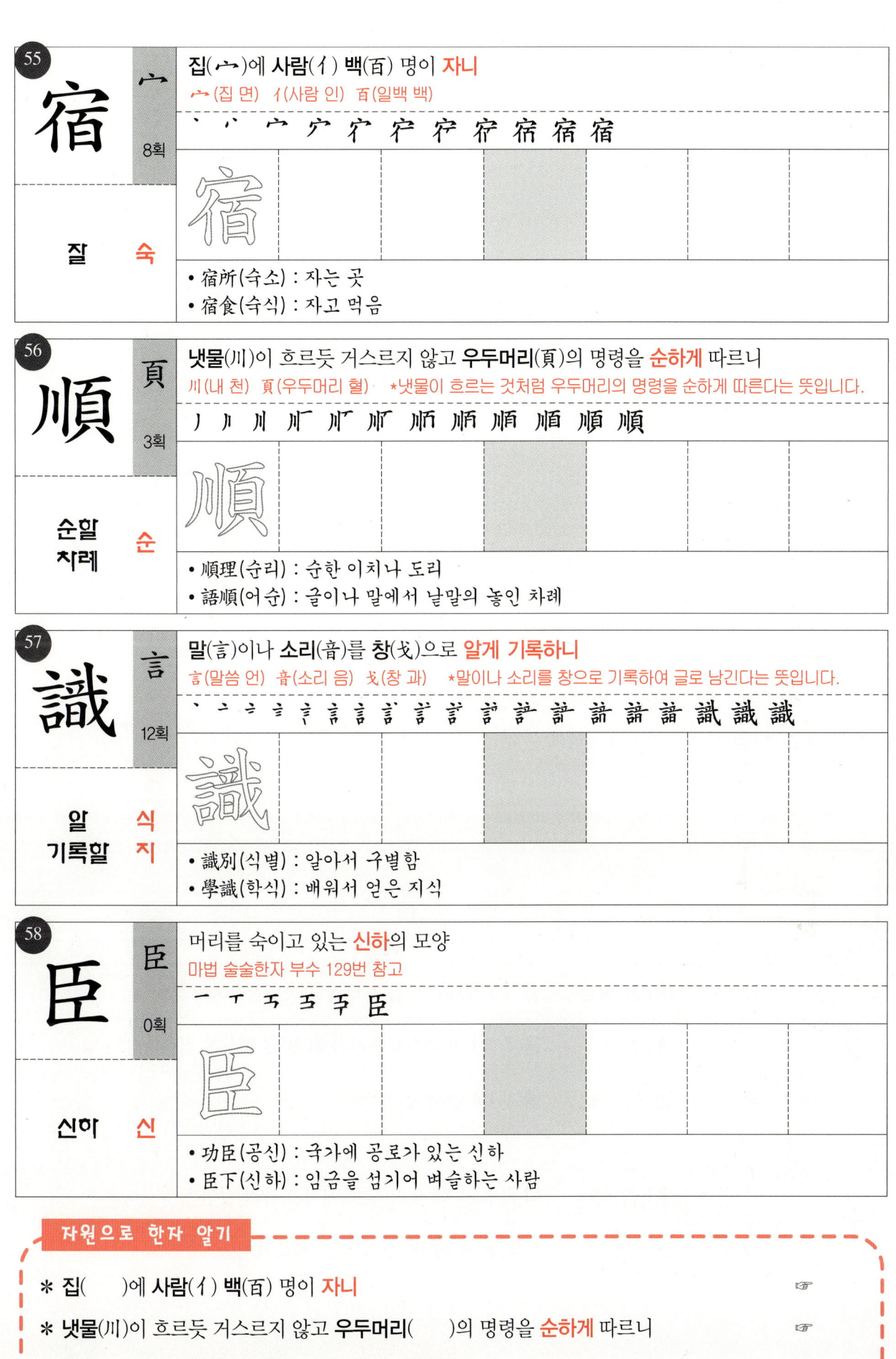

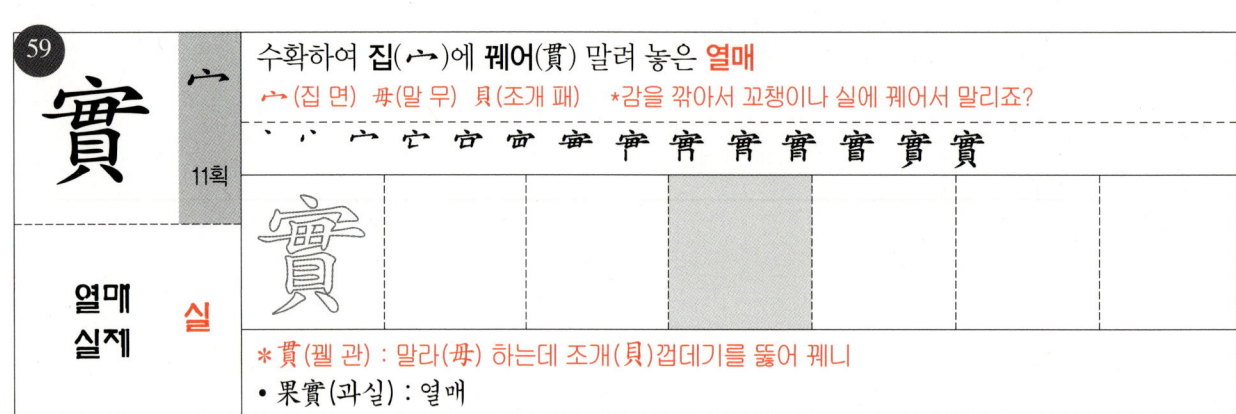

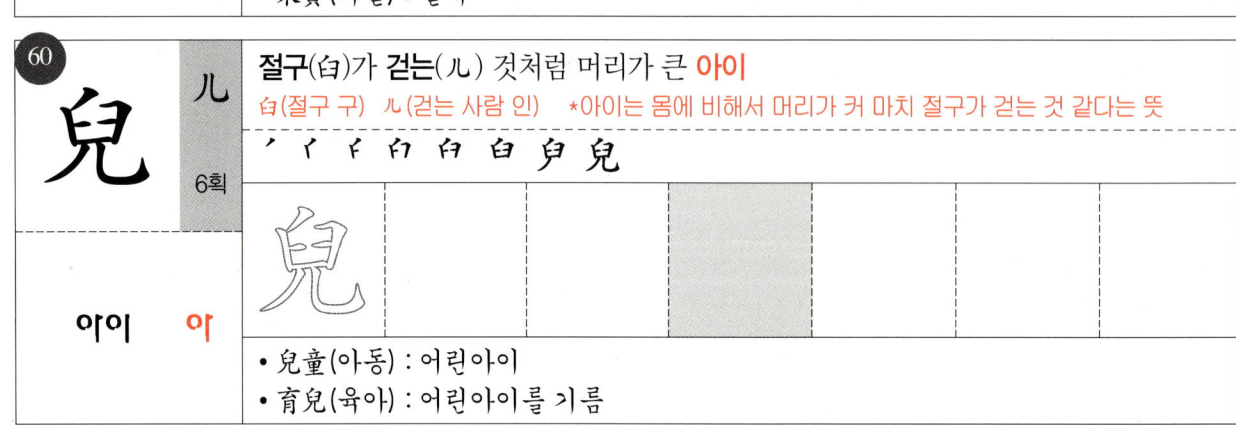

자원으로 한자 알기

* 수확하여 집(   )에 꿰어(貫) 말려 놓은 **열매** ☞
* 절구(臼)가 걷는(   ) 것처럼 머리가 큰 **아이** ☞

一思多得

氵	+	夬	=	決(결단할 결)	물(氵) 흐르듯 마음을 터놓고(夬) 결단하여 정하니
	+	去	=	法(법 법)	물(氵)이 평평하게 흘러가듯(去) 공평하게 적용하라는 법
	+	先	=	洗(씻을 세)	물(氵)로 먼저(先) 씻으니

木	+	日	=	東(동녘 동)	나무(木)에 해(日)가 동쪽에서 떠올라 걸친 모양
	+	口	=	束(묶을 속)	나무(木)를 에워(口) 싸 묶고 약속하니

다음 한자를 나누고 **자원**을 쓰면서 익히세요.

歲 (해 세) = ☐ + ☐ + ☐

洗 (씻을 세) = ☐ + ☐

束 (묶을 속) = ☐ + ☐

首 (머리 수) =

宿 (잘 숙) = ☐ + ☐ + ☐

順 (순할 순) = ☐ + ☐

識 (알 식) = ☐ + ☐ + ☐

臣 (신하 신) =

實 (열매 실) = ☐ + ☐

兒 (아이 아) = ☐ + ☐

61

다음 한자어의 **독음**을 쓰세요.

歲　月	洗　手	洗　車	結　束
團　束	首　席	首　相	宿　所
宿　食	順　理	語　順	識　別
學　識	功　臣	臣　下	果　實
兒　童	育　兒		

다음 한자어를 **한자**로 쓰세요.

해 세　달 월	씻을 세　손 수	맺을 결　묶을 속	우두머리 수　자리 석
잘 숙　곳 소	순할 순　이치 리	알 식　분별할 별	공 공　신하 신
열매 과　열매 실	아이 아　아이 동	씻을 세　차 차	모을 단　묶을 속
우두머리 수　재상 상	잘 숙　먹을 식	말씀 어　차례 순	배울 학　알 식
신하 신　아래 하	기를 육　아이 아		

예문으로 한자어 익히기 (한자로 쓰인 단어의 뜻을 써보세요.)

1. 歲月 가는 줄 모른다.

2. 너무 바빠서 洗手도 못하고 출근하였다.

3. 洗車를 하고나면 꼭 비가 오는 징크스가 있다.

4. 외형적인 규모는 줄었는지 모르지만 회원들이 동지적 유대로 結束되어 있다.

5. 집 안팎 團束을 끝내고 잠자리에 들었다.

6. 열심히 공부하여 首席으로 졸업하는 영예를 안았다.

7. 의원 내각제에서는 다수당의 우두머리가 首相이 되는 것이 일반적이다.

8. 그곳에 도착하자마자 宿所를 먼저 정하기로 하였다.

9. 누추해서 宿食이 불편하겠지만 우리 집에서 같이 지냅시다.

10. 順理에 맞게 일을 처리해야 한다.

11. 국어는 영어와 語順이 다르다.

12. 달빛이 제법 밝아서 상대방의 표정까지도 흐릿하게나마 識別이 가능할 정도였다.

13. 나는 별다른 學識도 없는 미천한 사람일 뿐이오.

14. 그는 건국의 일등 功臣이다.

15. 왕의 뜻을 잘 받드는 것이 臣下의 도리이다.

16. 사과 하나를 꺼내고서 果實 바구니를 통째로 건네었다.

17. 어른들은 兒童을 보호해야 한다.

18. 育兒 문제로 고민하는 맞벌이 부부가 많다.

61 惡 8획 악할 미워할 오	心	최선이 아닌 **다음**(亞)을 생각하는 **마음**(心)은 **악하고 미우니**
		二(둘 이) 心(마음 심) *늘 최선을 다해야겠죠?
		一 厂 厂 厂 西 西 西 西 亞 亞 惡 惡 惡
		惡
		*亞(버금 아) : 두(二) 곱사등이 (ㅁㅁ)가 마주 서 있는 모양으로 다음이라는 뜻
		• 惡用(악용) : 나쁜 일에 씀

62 約 3획 맺을 약속할 절약할 약	糸	**실**(糸)로 **싸**(勹) **점**(丶)처럼 묶어 **맺으니**
		糸(실 사) 勹(쌀 포) 丶(점 주)
		ㄥ ㄠ ㅿ 幺 幺 糸 糸 糸 糽 約 約
		約
		• 約定(약정) : 일을 약속하여 정함
		• 約束(약속) : 앞으로의 일을 어떻게 할 것인가를 미리 정하여 둠

63 養 6획 기를 양	食	**양**(羊)을 **먹여**(食) **기르니**
		羊(양 양) 食(먹을 식)
		丶 䒑 䒑 䒑 并 羊 差 差 差 兼 兼 養 養 養
		養
		• 養成(양성) : 길러냄
		• 敎養(교양) : 가르쳐 기름 또는 문화에 대한 폭넓은 지식

64 要 3획 중요할 구할 요	襾	**덮어서**(襾) **여자**(女)는 **중요**한 곳을 **가리니**
		襾(덮을 아) 女(계집 녀) *여자가 옷을 입거나 천으로 몸을 가린다는 뜻입니다.
		一 一 冂 冂 冂 西 西 要 要
		要
		• 重要(중요) : 매우 귀중하고 소중함
		• 要求(요구) : 받아야 할 것을 필요에 의하여 달라고 청함

자원으로 한자 알기

* 최선이 아닌 **다음**(亞)을 생각하는 **마음**(　)은 **악하고 미우니**　☞
* **실**(　)로 **싸**(勹) **점**(丶)처럼 묶어 **맺으니**　☞
* **양**(羊)을 **먹여**(　) **기르니**　☞
* **덮어서**(　) **여자**(女)는 **중요**한 곳을 **가리니**　☞

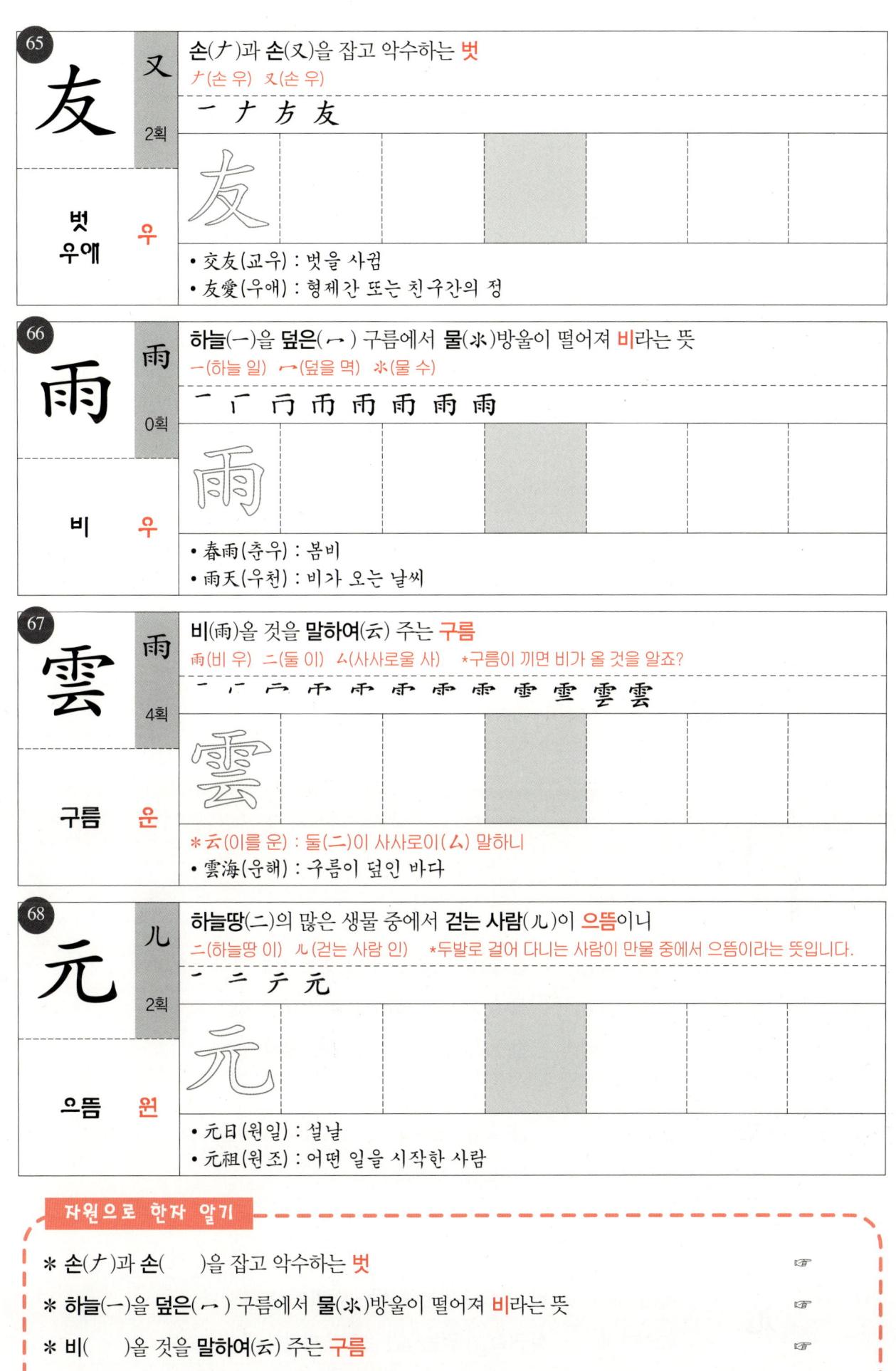

69 偉 9획	亻	사람(亻)이 가죽(韋) 옷을 입을 정도로 **크고 위대하니** 亻(사람 인) 韋(가죽 위) *사람이 가죽 옷을 입을 수 있을 정도로 능력이 크다는 뜻입니다.
		ノ 亻 亻 亻 亻 亻 偉 偉 偉
클 위대할	위	
		• 偉人(위인) : 위대한 사람 • 偉大(위대) : 뛰어나고 훌륭함

70 以 3획	人	사사로운(厶) 사람(人)으로**써 까닭**이 있으니 厶(사사로울 사) 人(사람 인) *사람은 다 사사로이 까닭이 있다는 뜻입니다.
		丨 丶 丷 以 以
써 까닭	이	
		• 以來(이래) : 일정한 때로부터 지금까지 • 以實直告(이실직고) : 사실 그대로 고함

자원으로 한자 알기

* 사람(   )이 가죽(韋) 옷을 입을 정도로 **크고 위대하니** ☞
* 사사로운(厶) 사람(   ) 으로**써 까닭**이 있으니 ☞

一思多得

糸	+	士 口	=	結(맺을 결)	실(糸)을 선비(士)가 입(口)에 물고 묶어 **맺으니**
	+	木 罒	=	練(익힐 련)	실(糸)로 나무(木)에 그물(罒) 치는 법을 **익히니**
	+	勹 丶	=	約(맺을 약)	실(糸)로 싸(勹) 점(丶)처럼 묶어 **맺으니**

羊	+	大	=	美(아름다울 미)	양(羊)은 커야(大) 살져서 맛나고 **아름다우니**
	+	食	=	養(기를 양)	양(羊)을 먹여(食) **기르니**

屮	+		=	先(먼저 선)	소(屮)가 걷는 사람(儿)보다 앞장서 **먼저** 가니
口	+	儿	=	兄(형 형)	입(口)으로 말하며 걷는 사람(儿)은 **형**이니
臼	+		=	兒(아이 아)	절구(臼)가 걷는(儿) 것처럼 머리가 큰 **아이**
二	+		=	元(으뜸 원)	하늘땅(二)의 많은 생물 중에서 걷는 사람(儿)이 **으뜸**이니

다음 한자를 나누고 **자원**을 쓰면서 익히세요.

惡 악할 악	=		+			
約 맺을 약	=		+		+	
養 기를 양	=		+			
要 중요할 요	=		+			
友 벗 우	=		+			
雨 비 우	=		+		+	
雲 구름 운	=		+			
元 으뜸 원	=		+			
偉 클 위	=		+			
以 써 이	=		+			

다음 한자어의 **독음**을 쓰세요.

惡用	約定	約束	養成

敎養	重要	要求	交友

友愛	春雨	雨天	雲海

元日	元祖	偉人	偉大

以來

 다음 한자어를 **한자**로 쓰세요.

악할 악 쓸 용	약속할 약 정할 정	기를 양 이룰 성	중요할 중 중요할 요

사귈 교 벗 우	봄 춘 비 우	구름 운 바다 해	으뜸 원 날 일

위대할 위 사람 인	써 이 올 래	약속할 약 약속 속	가르칠 교 기를 양

구할 요 구할 구	우애 우 사랑 애	비 우 날씨 천	으뜸 원 처음 조

위대할 위 위대할 대

예문으로 한자어 익히기 (한자로 쓰인 단어의 뜻을 써보세요.)

1. 그 정보의 **惡用**을 막기 위해 여러 가지 노력을 했다.

2. 우리는 어떠한 일이 있어도 모든 것을 함께 책임지기로 굳게 **約定**하였다.

3. **約束** 시간에 맞추어 도착하였다.

4. 사범 대학은 교육자 **養成**을 목적으로 하는 학교이다.

5. 옷은 비록 남루하게 입었으나 대화 속에 분명히 **敎養**과 지성미를 풍기고 있다.

6. 이 연극에서 **重要** 인물은 아니지만 없어서는 안 될 역할이다.

7. 순순히 **要求**에 응하였다.

8. 형은 **交友** 관계가 좋다.

9. 그 형제는 **友愛**가 넘친다.

10. **春雨**를 맞으며 거리를 거닐다.

11. **雨天**으로 경기가 열리지 못하였다.

12. 산 정상에 올라 발아래를 굽어보니 **雲海**가 장관이었다.

13. **元日**이라고도 하는 설날은 우리나라 명절의 하나로 정월 초하룻날이다.

14. 우리의 장은 일본에 건너가 고려장이라 불렸으며 이것이 일본 된장의 **元祖**가 되었다.

15. **偉人**의 일대기를 소재로 영화를 만들다.

16. 어머니의 사랑은 **偉大**하다.

17. 건국 **以來** 눈부신 경제성장을 이루었다.

71. 任 (맡길 임) — 4획

사람(亻)들이 삐뚤어진(ノ) 일을 선비(士)에게 부탁하고 **맡기니**
亻(사람 인) ノ(삐침 별) 士(선비 사) *잘못된 일을 선비에게 바로잡아달라고 맡긴다는 뜻입니다

丿 亻 亻 仁 仟 任

- 信任(신임) : 믿고 일을 맡김
- 任用(임용) : 직무를 맡기어 사람을 씀

72. 材 (재목, 재료 재) — 3획

나무(木)를 재주(才) 있게 다듬어 **재목**으로 쓰니
木(나무 목) 才(재주 재)

一 十 才 才 材 材 材

- 人材(인재) : 어떤 일을 할 수 있는 학식이나 능력을 갖춘 사람
- 教材(교재) : 가르치고 배우는데 쓰이는 재료

73. 財 (재물 재) — 3획

돈(貝) 버는 재주(才)가 있어 늘어나는 **재물**
貝(돈 패) 才(재주 재)

丨 冂 冃 目 貝 貝 貝 貝 財 財

- 財界(재계) : 실업가 및 금융업자의 사회
- 財物(재물) : 돈이나 그 밖의 온갖 값나가는 물건

74. 的 (과녁 적) — 3획

흰(白) 바탕에 싸여(勹) 있는 점(丶) 같은 **과녁**
白(흰 백) 勹(쌀 포) 丶(점 주) *과녁은 흰 바탕에 가운데 점처럼 색이 칠해져 있죠?

ノ 亻 白 白 白 的 的

- 目的(목적) : 일을 이루려 하는 목표
- 的中(적중) : 목표에 어김없이 들어맞음

자원으로 한자 알기

* 사람(   )들이 **삐뚤어진**(ノ) 일을 **선비**(士)에게 부탁하고 **맡기니**
* 나무(   )를 **재주**(才) 있게 다듬어 **재목**으로 쓰니
* 돈(   ) 버는 **재주**(才)가 있어 늘어나는 **재물**
* 흰(   ) 바탕에 **싸여**(勹) 있는 **점**(丶) 같은 **과녁**

75 傳 (전할 전) — 11획

사람(亻)들이 수레(車)를 규칙(寸)에 따라 만들어 **전하니**
亻(사람 인) 車(수레 거) 寸(규칙 촌)

丿 亻 亻 亻 伯 伯 but 伸 值 偅 傳 傳

- 傳來(전래) : 전하여 내려옴
- 傳說(전설) : 전하여 내려오는 이야기

76 典 (책 법 전) — 6획

악곡(曲)이 적힌 여덟(八)권의 **책**
曲(굽을 곡, 악곡 곡) 八(여덟 팔)

丨 冂 曰 由 曲 曲 典 典

- 字典(자전) : 한자를 모아 그 뜻을 풀어 놓은 책
- 古典(고전) : 옛날의 의식이나 법식

77 展 (펼 전) — 7획

지붕(尸) 밑에 풀(艹) 한(一) 더미를 갈고리(乚)로 삐치고(丿) 파여(乀) **펼치니**
尸(지붕 시) 艹(풀 초) 一(한 일) 乚(갈고리 궐) 丿(삐침 별) 乀(파임 불)

フ フ 尸 尸 尸 屏 屏 屏 展 展

- 展開(전개) : 열리어 나타남
- 展示(전시) : 여러 가지 물건을 벌여 놓고 보임

78 切 (끊을 절 / 모두 체) — 2획

일곱(七) 개를 칼(刀)로 **모두 끊으니**
七(일곱 칠) 刀(칼 도)

一 七 切 切

- 切開(절개) : 째거나 갈라서 벌림
- 一切(일체) : 모든 것

자원으로 한자 알기

* 사람(   )들이 수레(車)를 규칙(寸)에 따라 만들어 **전하니**
* 악곡(曲)이 적힌 여덟(   )권의 **책**
* 지붕(   ) 밑에 풀(艹) 한(一) 더미를 갈고리(乚)로 삐치고(丿) 파여(乀) **펼치니**
* 일곱(七) 개를 칼(   )로 **모두 끊으니**

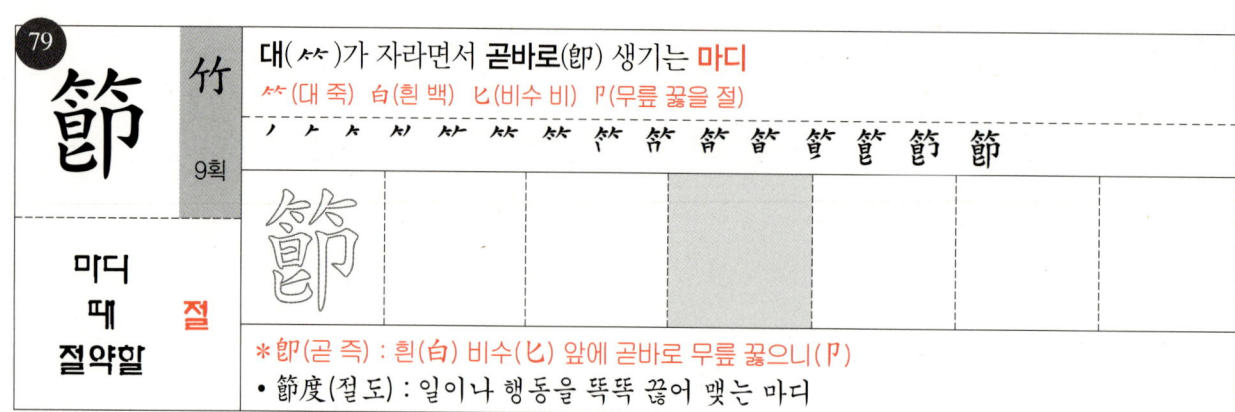

| 79 節 (9획) 마디 때 절약할 **절** | 竹 | 대(⺮)가 자라면서 **곧바로**(卩) 생기는 **마디**
⺮(대 죽) 白(흰 백) 匕(비수 비) 卩(무릎 꿇을 절)
丿 亻 亼 ⺮ ⺮ ⺮ 笁 笁 笛 筤 節 節 節
*卩(곧 즉) : 흰(白) 비수(匕) 앞에 곧바로 무릎 꿇으니(卩)
• 節度(절도) : 일이나 행동을 뚝뚝 끊어 맺는 마디 |

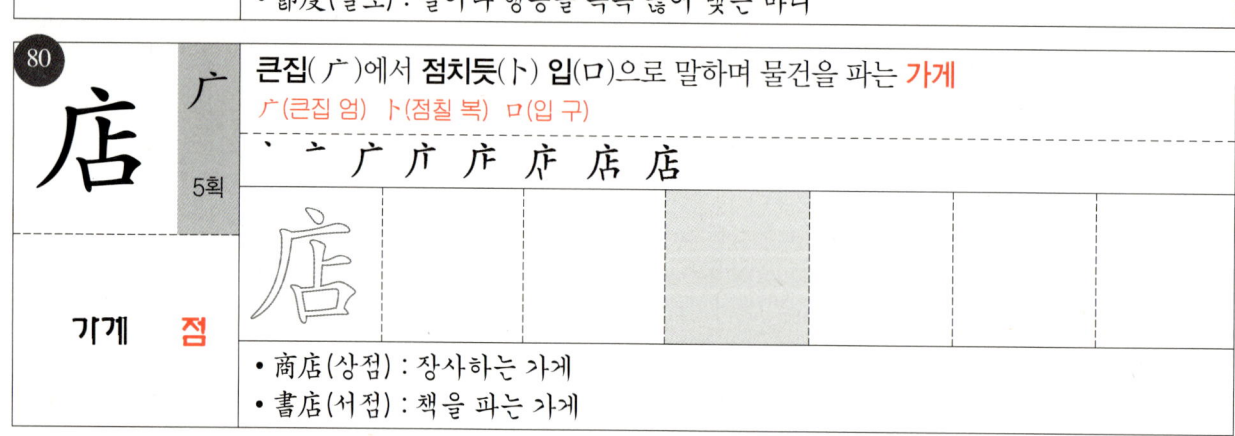

| 80 店 (5획) 가게 **점** | 广 | **큰집**(广)에서 **점치듯**(卜) **입**(口)으로 말하며 물건을 파는 **가게**
广(큰집 엄) 卜(점칠 복) 口(입 구)
丶 亠 广 广 庁 庁 店 店
• 商店(상점) : 장사하는 가게
• 書店(서점) : 책을 파는 가게 |

자원으로 한자 알기

* 대( )가 자라면서 **곧바로**(卩) 생기는 **마디** ☞
* 큰집( )에서 **점치듯**(卜) **입**(口)으로 말하며 물건을 파는 **가게** ☞

一思多得

木	+	寸	=	村(마을 촌)	나무(木)로 규칙(寸)에 따라 집을 지은 **마을**
	+	才	=	材(재목 재)	나무(木)를 재주(才) 있게 다듬어 **재목**으로 쓰니

木	+		=	材(재목 재)	나무(木)를 재주(才) 있게 다듬어 **재목**으로 쓰니
貝	+	才	=	財(재물 재)	돈(貝) 버는 재주(才)가 있어 늘어나는 **재물**

다음 한자를 나누고 **자원**을 쓰면서 익히세요.

任 맡길 임 = ☐ + ☐ + ☐

材 재목 재 = ☐ + ☐

財 재물 재 = ☐ + ☐

的 과녁 적 = ☐ + ☐ + ☐

傳 전할 전 = ☐ + ☐ + ☐

典 책 전 = ☐ + ☐

展 펼 전 = ☐ + ☐ + ☐ + ☐ + ☐ + ☐

切 끊을 절 = ☐ + ☐

節 마디 절 = ☐ + ☐

店 가게 점 = ☐ + ☐ + ☐

다음 한자어의 **독음**을 쓰세요.

信任	任用	人材	教材
財界	財物	目的	的中
傳來	傳說	字典	古典
展開	展示	切開	一切
節度	商店	書店	

 다음 한자어를 **한자**로 쓰세요.

믿을 신	맡길 임	사람 인	재목 재	재물 재	경계 계	항목 목	목표 적
전할 전	올 래	글자 자	책 전	펼 전	열 개	끊을 절	열 개
마디 절	법도 도	장사 상	가게 점	맡길 임	쓸 용	가르칠 교	재료 재
재물 재	물건 물	목표 적	맞을 중	전할 전	말씀 설	예 고	법 전
펼 전	보일 시	모든 일	모두 체	책 서	가게 점		

예문으로 한자어 익히기 (한자로 쓰인 단어의 뜻을 써보세요.)

1. 그 일의 성공으로 인해 사장의 **信任**을 얻었다.

2. 요즘은 정식 교사 **任用**이 늘어나는 추세입니다.

3. 국가의 미래를 짊어질 **人材**를 길러내야 한다.

4. 요즘은 시청각 교육을 위한 여러 가지 **教材**가 많이 개발되었다.

5. 경제 호황으로 **財界**의 움직임이 활발하다.

6. 순간 **財物**에 눈이 어두워 해서는 안 될 일을 저질렀다.

7. **目的**을 향해 나아가다.

8. 그의 화살은 이번에도 그대로 과녁에 **的中**되었다.

9. 효 사상의 **傳來**는 우리 문화의 자랑이다.

10. 옛날 일곱 선녀가 하늘에서 내려와 목욕을 했다는 **傳說**이 있다.

11. 모르는 한자는 **字典**을 찾아보면 된다.

12. 아직도 **古典**적인 방법으로 항아리를 만들고 있다.

13. 이야기 **展開**가 너무 산만하다.

14. 이번 달로 미술품 **展示**가 끝난다.

15. 며칠 전 **切開** 수술을 받았다.

16. 도난에 대한 **一切**의 책임을 지지 않는다.

17. 군인은 행동 하나하나에도 언제나 **節度**가 있어야 한다.

18. 어두워지자 **商店**에 하나 둘 불이 켜졌다.

19. 학교 가는 길에 **書店**에 들러 참고서를 한 권 샀다.

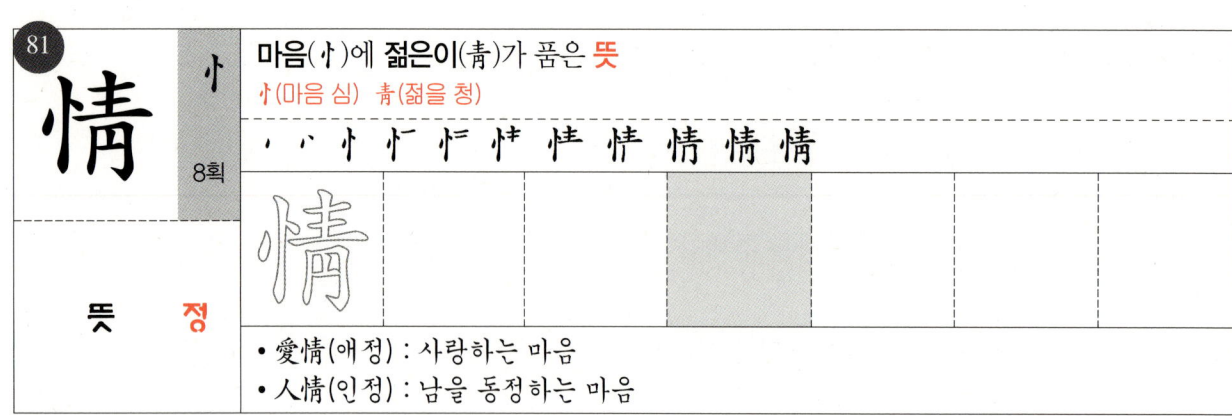

81 情 忄 8획 — 뜻 **정**

마음(忄)에 **젊은이**(靑)가 품은 **뜻**
忄(마음 심) 靑(젊을 청)

丶 丶 忄 忄 忄 忄 忄 情 情 情

- 愛情(애정) : 사랑하는 마음
- 人情(인정) : 남을 동정하는 마음

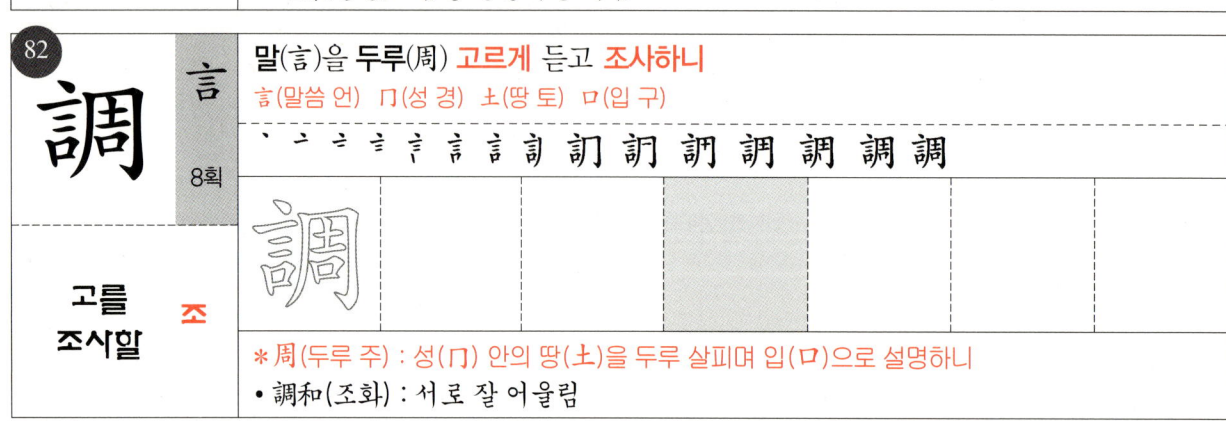

82 調 言 8획 — 고를 조사할 **조**

말(言)을 **두루**(周) **고르게** 듣고 **조사하니**
言(말씀 언) 冂(성 경) 土(땅 토) 口(입 구)

丶 亠 亠 䒑 言 言 言 訂 訶 訶 調 調 調 調

*周(두루 주) : 성(冂) 안의 땅(土)을 두루 살피며 입(口)으로 설명하니
- 調和(조화) : 서로 잘 어울림

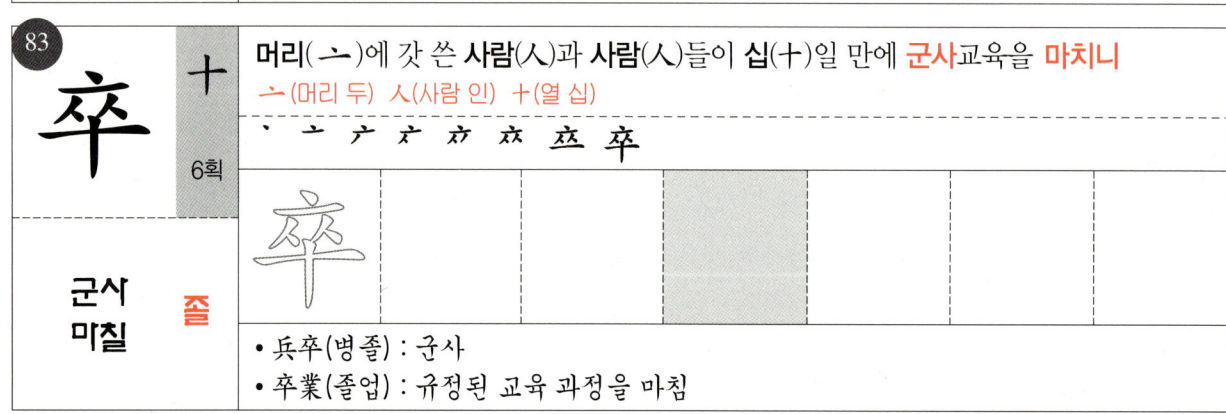

83 卒 十 6획 — 군사 마칠 **졸**

머리(亠)에 갓 쓴 **사람**(人)과 **사람**(人)들이 **십**(十)일 만에 **군사**교육을 **마치니**
亠(머리 두) 人(사람 인) 十(열 십)

丶 亠 㐄 㐄 㐄 卒 卒

- 兵卒(병졸) : 군사
- 卒業(졸업) : 규정된 교육 과정을 마침

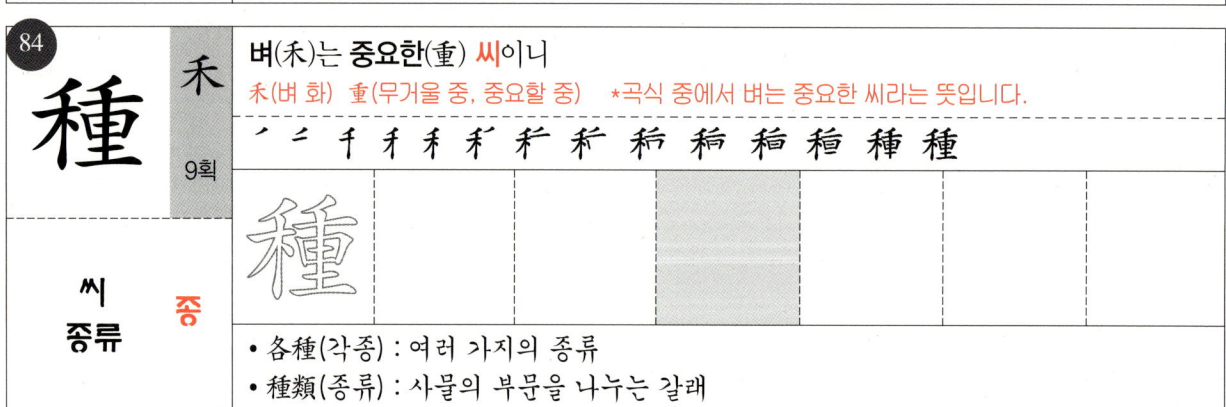

84 種 禾 9획 — 씨 종류 **종**

벼(禾)는 **중요한**(重) **씨**이니
禾(벼 화) 重(무거울 중, 중요할 중) *곡식 중에서 벼는 중요한 씨라는 뜻입니다.

丿 二 千 千 禾 禾 禾 秆 秆 秆 秆 種 種

- 各種(각종) : 여러 가지의 종류
- 種類(종류) : 사물의 부문을 나누는 갈래

자원으로 한자 알기

* 마음(   )에 **젊은이**(靑)가 품은 **뜻** ☞
* 말(   )을 **두루**(周) **고르게** 듣고 **조사하니** ☞
* 머리(亠)에 갓 쓴 **사람**(人)과 **사람**(人)들이 **십**(   )일 만에 **군사**교육을 **마치니** ☞
* 벼(   )는 **중요한**(重) **씨**이니 ☞

85 州 / 川 / 3획 / 고을 주

점(丶)처럼 냇물(川)이 흐르는 곳에 형성된 **고을**
丶(점 주) 川(내 천) *대부분 냇물이 흐르는 곳에 마을이 형성되어 있지요?

丶 丿 丿丶 丿丨 州 州

- 全州(전주) : 전라북도의 도청 소재지가 있는 곳
- 光州(광주) : 전라남도의 도청 소재지가 있는 곳

86 週 / 辶 / 8획 / 주일 주

두루(周) 살피기 위해 뛰어(辶) 도는데 **일주일** 걸리니
周(두루 주) 辶(뛸 착)

丿 刀 月 冂 用 用 周 周 周 週 週 週

- 週日(주일) : 일요일부터 토요일까지의 이레 동안
- 週番(주번) : 한 주일마다 차례로 바꾸어 하는 근무

87 知 / 矢 / 3획 / 알 지

화살(矢)처럼 빠르게 입(口)으로 말할 수 있으니 **알지**
矢(화살 시) 口(입 구) *아는 것은 빠르게 말할 수 있다는 뜻입니다.

丿 ㅗ 두 矢 矢 知 知 知

- 知能(지능) : 지혜와 재능
- 親知(친지) : 서로 알고 가깝게 지내는 사람

88 質 / 貝 / 8획 / 바탕 성질 질

도끼(斤)와 도끼(斤)를 들고 비교하며 돈(貝) 주고 사려고 **바탕**을 따지니
斤(도끼 근) 貝(돈 패)

丿 厂 F 斤 圻 圻 斦 斦 皙 皙 皙 質 質

- 體質(체질) : 몸의 성질
- 性質(성질) : 사물이 본디부터 가지고 있는 고유한 특성

자원으로 한자 알기

* 점(丶)처럼 냇물(   )이 흐르는 곳에 형성된 **고을**
* 두루(周) 살피기 위해 뛰어(   ) 도는데 **일주일** 걸리니
* 화살(   )처럼 빠르게 입(口)으로 말할 수 있으니 **알지**
* 도끼(斤)와 도끼(斤)를 들고 비교하며 돈(   ) 주고 사려고 **바탕**을 따지니

89 着 (7획) — 붙을 다다를 착

目

양(羊)의 끈(丿) 같은 털이 눈(目)에 붙으니
羊(양 양) 丿(끈 별) 目(눈 목)

丶 丷 ⺷ 𦍌 𦍋 羊 着 着 着 着

- 着陸(착륙) : 비행기가 육지에 내림
- 定着(정착) : 한 곳에 자리 잡아 떠나지 않음

90 參 (9획) — 참여할 참, 석 삼

厶

사사로이(厶) 세 번이나 사람(人)이 머리털(彡)을 단장하고 모임에 참여하니
厶(사사로울 사) 人(사람 인) 彡(터럭 삼)

厶 ㅅ ㅅ ㅅ 厽 厽 叒 參 參

- 參席(참석) : 자리에 참여함
- 參萬(삼만) : 만의 세 배가 되는 수

자원으로 한자 알기

* 양(羊)의 끈(丿) 같은 털이 눈(　)에 붙으니
* 사사로이(　) 세 번이나 사람(人)이 머리털(彡)을 단장하고 모임에 참여하니

一思多得

氵	+	青	=	淸(맑을 청)	물(氵)이 푸른(靑)빛이 날 정도로 맑고 깨끗하니
忄	+		=	情(뜻 정)	마음(忄)에 젊은이(靑)가 품은 뜻

	+	火	=	秋(가을 추)	벼(禾)를 불(火) 같은 햇빛에 말려 거두는 가을
禾	+	刂	=	利(이로울 리)	벼(禾)를 칼(刂)로 베어 수확하면 이로우니
	+	斗	=	科(과목 과)	벼(禾)를 말(斗)로 헤아려 구분하듯 구분해 놓은 과목
	+	重	=	種(씨 종)	벼(禾)는 중요한(重) 씨이니

言	+	周	=	調(고를 조)	말(言)을 두루(周) 고르게 듣고 조사하니
辶	+		=	週(주일 주)	두루(周) 살피기 위해 뛰어(辶) 도는데 일주일 걸리니

다음 한자를 나누고 **자원**을 쓰면서 익히세요.

情 (뜻 정) = ☐ + ☐

調 (고를 조) = ☐ + ☐

卒 (마칠 졸) = ☐ + ☐ + ☐ + ☐

種 (씨 종) = ☐ + ☐

州 (고을 주) = ☐ + ☐

週 (주일 주) = ☐ + ☐

知 (알 지) = ☐ + ☐

質 (바탕 질) = ☐ + ☐ + ☐

着 (붙을 착) = ☐ + ☐ + ☐

參 (참여할 참) = ☐ + ☐ + ☐

79

다음 한자어의 **독음**을 쓰세요.

愛情	人情	調和	兵卒
卒業	各種	種類	全州
光州	週日	週番	知能
親知	體質	性質	着陸
定着	參席	參萬	

다음 한자어를 **한자**로 쓰세요.

사랑 애 / 뜻 정	고를 조 / 화할 화	병사 병 / 군사 졸	각각 각 / 종류 종
온전할 전 / 고을 주	주일 주 / 날 일	알 지 / 재능 능	몸 체 / 성질 질
붙을 착 / 뭍 륙	참여할 참 / 자리 석	사람 인 / 뜻 정	마칠 졸 / 학업 업
종류 종 / 무리 류	빛 광 / 고을 주	주일 주 / 차례 번	친할 친 / 알 지
성품 성 / 성질 질	정할 정 / 붙을 착	석 삼 / 일만 만	

예문으로 **한자어** 익히기 (한자로 쓰인 단어의 뜻을 써보세요.)

1. 그는 자신이 운영하는 서점에 큰 愛情을 가지고 있다.

2. 우리 고향은 人情이 넘치는 마을이다.

3. 그 연극은 무대 장치와 등장인물의 調和가 뛰어났다.

4. 이순신 장군은 모든 장령과 兵卒들을 거느리고 한산섬으로 상륙을 하였다.

5. 같은 해에 학교에 들어가서 함께 다니고 卒業도 함께 했다.

6. 위성 방송을 신청하면 各種 TV 프로그램을 골라볼 수 있다.

7. 학과들이 특성화되면서 교과의 種類가 많아졌다.

8. 예향의 도시 全州는 전라북도의 도청 소재지이다.

9. 오늘 光州로 가는 비행기를 탔다.

10. 그가 일을 끝내기까지 여러 週日이 걸렸다.

11. 그는 週番 활동 때문에 일주일 동안 학교에 일찍 나가야 한다.

12. 수달과 침팬지는 돌멩이나 막대기 따위 도구를 사용하는 知能을 지니고 있다.

13. 그의 親知 가운데 외국인 선교사들과 교섭이 잦은 기독교인이 있었다.

14. 같은 병이라도 환자의 體質에 따라서 그 증세가 다르게 나타날 수 있다.

15. 사건의 종류와 性質에 따라 조사 방법을 달리했다.

16. 짙은 안개 때문에 비행기는 着陸에 실패하였다.

17. 오랜 방황을 끝내고 드디어 定着 생활을 시작하였다.

18. 선약이 있어서 그 모임에 參席이 어렵게 되었다.

19. 장군은 參萬 대군을 이끌고 성을 공격하였다.

91 責 (4획) - 꾸짖을/책임 책

貝

생명(主) 같은 돈(貝)을 어쨌냐고 **꾸짖으며 책임**을 물으니
主(살 생) 貝(돈 패)

一 二 十 主 丰 青 青 青 青 責 責

- 問責(문책) : 잘못을 캐묻고 꾸짖음
- 責任(책임) : 도맡아 해야 할 임무나 의무

92 充 (4획) - 가득할/채울 충

儿

머리(亠)에 사사로운(厶) 생각으로 사람(儿)마다 **가득 채우니**
亠(머리 두) 厶(사사로울 사) 儿(걷는 사람 인)

丶 一 亠 云 㐬 充

- 充足(충족) : 일정한 분량에 차거나 채움
- 充分(충분) : 분량이 넉넉하여 모자람이 없음

93 宅 (3획) - 집 댁/택

宀

집(宀) 지붕을 끈(丿)으로 일곱(七) 번이나 묶어 지은 **집**
宀(집 면) 丿(끈 별) 七(일곱 칠)

丶 丷 宀 宁 宇 宅

- 自宅(자택) : 자기의 집
- 宅内(댁내) : 남의 집안을 높여 이르는 말

94 品 (6획) - 물건 품

口

입(口)과 입(口)에서 입(口)으로 전해져 소문나는 **물건**
口(입 구)

丨 口 口 口 吕 吊 品 品 品

- 物品(물품) : 물건
- 品切(품절) : 물건이 다 팔리고 없음

자원으로 한자 알기

* 생명(主) 같은 돈( )을 어쨌냐고 **꾸짖으며 책임**을 물으니
* 머리(亠)에 사사로운(厶) 생각으로 사람( )마다 **가득 채우니**
* 집( ) 지붕을 끈(丿)으로 일곱(七) 번이나 묶어 지은 **집**
* 입( )과 입(口)에서 입(口)으로 전해져 소문나는 **물건**

95 必 (반드시 필) — 心 1획

마음(心)이 삐치면(丿) **반드시** 풀어야 하니
心(마음 심) 丿(삐침 별)

`丶 ソ 必 必 必`

- 必勝(필승) : 반드시 이김
- 必要(필요) : 꼭 소용이 됨

96 筆 (붓 글씨 쓸 필) — 竹 6획

대(竹)로 붓(聿)을 만들어 **글씨를 쓰니**
竹(대 죽) 聿(붓 율)

`丿 ㇒ ㇒ ㇒ 竹 竹 竿 竿 筆 筆 筆 筆`

- 筆記(필기) : 글씨를 씀
- 名筆(명필) : 매우 잘 쓴 글씨

97 害 (해할 해) — 宀 7획

집(宀)에서도 살면서(生) 입(口)으로 아무렇게나 말하면 **해로우니**
宀(집 면) 生(살 생) 口(입 구)   *집에서도 입조심 하라는 뜻입니다.

`丶 丶 宀 宀 宀 宇 害 害 害 害`

- 害惡(해악) : 해로움과 악함
- 水害(수해) : 장마나 홍수로 인한 피해

98 化 (변화할 화) — 匕 2획

사람(亻)은 늙으면 허리가 **구부러져**(匕) 모양이 **변하니**
亻(사람 인) 匕(구부릴 비)

`丿 亻 亻 化`

- 同化(동화) : 같은 성질로 변함
- 强化(강화) : 더 튼튼하고 강하게 함

자원으로 한자 알기

* 마음(　)이 삐치면(丿) **반드시** 풀어야 하니
* 대(　)로 붓(聿)을 만들어 **글씨를 쓰니**
* 집(　)에서도 살면서(生) 입(口)으로 아무렇게나 말하면 **해로우니**
* 사람(亻)은 늙으면 허리가 **구부러져**(　) 모양이 **변하니**

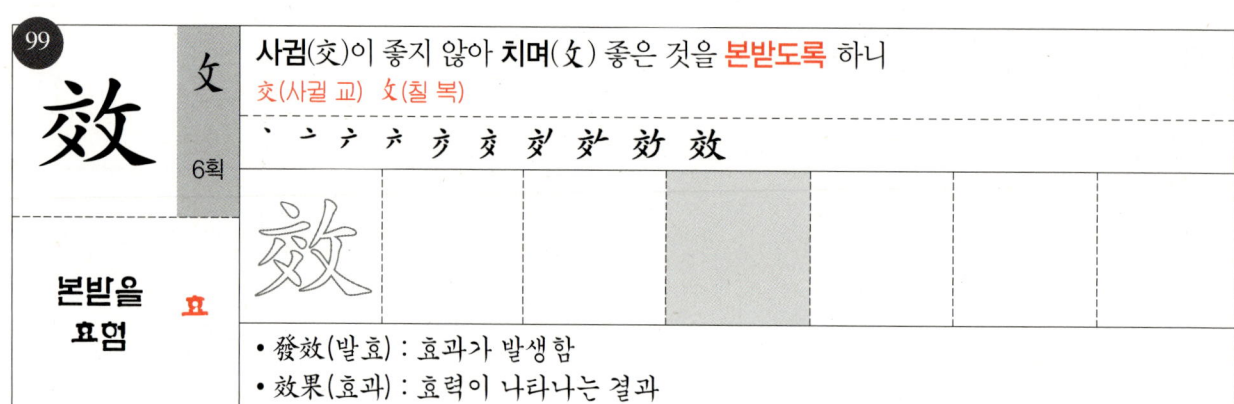

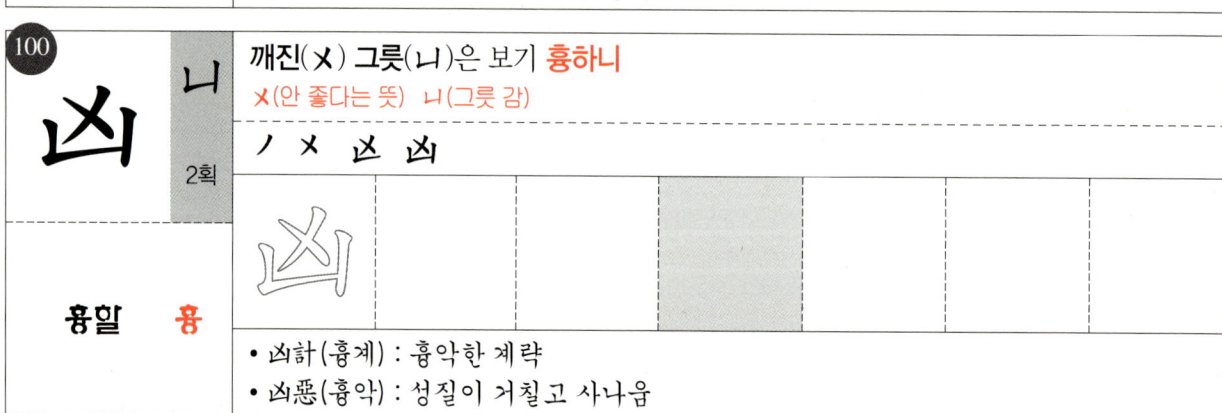

자원으로 한자 알기

* 사귐(爻)이 좋지 않아 치며(   ) 좋은 것을 본받도록 하니
* 깨진(乂) 그릇(   )은 보기 흉하니

一思多得

	+	合	=	答(대답할 답)	대(竹)쪽을 합하여(合) 글을 써 대답하니
	+	目 廾	=	算(셈 산)	대(竹)를 눈(目)으로 확인하며 스무(廾) 개씩 셈하니
竹	+	寺	=	等(무리 등)	대(竹)가 절(寺) 주변에 무리를 이루어 자라니
	+	卽	=	節(마디 절)	대(竹)가 자라면서 곧바로(卽) 생기는 마디
	+	聿	=	筆(붓 필)	대(竹)로 붓(聿)을 만들어 글씨를 쓰니

	+	韋	=	偉(클 위)	사람(亻)이 가죽(韋) 옷을 입을 정도로 크고 위대하니
亻	+	車 寸	=	傳(전할 전)	사람(亻)들이 수레(車)를 규칙(寸)에 따라 만들어 전하니
	+	匕	=	化(변화할 화)	사람(亻)은 늙으면 허리가 구부러져(匕) 모양이 변하니

다음 한자를 나누고 **자원**을 쓰면서 익히세요.

責 (꾸짖을 책) = ☐ + ☐

充 (채울 충) = ☐ + ☐ + ☐

宅 (집 택) = ☐ + ☐ + ☐

品 (물건 품) = ☐ + ☐ + ☐

必 (반드시 필) = ☐ + ☐

筆 (붓 필) = ☐ + ☐

害 (해할 해) = ☐ + ☐ + ☐

化 (변화할 화) = ☐ + ☐

效 (본받을 효) = ☐ + ☐

凶 (흉할 흉) = ☐ + ☐

85

다음 한자어의 **독음**을 쓰세요.

問責	責任	充足	充分
自宅	宅內	物品	品切
必勝	必要	筆記	名筆
害惡	水害	同化	强化
發效	效果	凶計	凶惡

다음 한자어를 **한자**로 쓰세요.

물을 문	꾸짖을 책	채울 충	만족할 족	자기 자	집 택	물건 물	물건 품
반드시 필	이길 승	쓸 필	기록할 기	해할 해	악할 악	같을 동	변화할 화
일어날 발	효험 효	흉할 흉	꾀 계	책임 책	맡길 임	가득할 충	단위 분
집 댁	안 내	물건 품	떨어질 절	반드시 필	구할 요	이름날 명	글씨 필
물 수	해할 해	강할 강	변화할 화	효험 효	결과 과	흉할 흉	악할 악

예문으로 한자어 익히기 (한자로 쓰인 단어의 뜻을 써보세요.)

1. 상사에게 **問責**을 당하다.

2. 우리는 주어진 **責任**을 다해야 한다.

3. 국민 생활의 기본적 수요를 **充足**하다.

4. 그에게는 지도자가 될 자격이 **充分**하다.

5. 그는 현재 병원에서 나와 **自宅**에서 치료 중이다.

6. **宅內** 두루 편안하신지요?

7. 그가 소유한 **物品**만 처분해도 두 아들을 장가보내는 데는 아무런 어려움이 없을 것이다.

8. 밀가루는 **品切**입니다.

9. **必勝**을 기원하다.

10. 어떻게든 전반적인 사정과 북쪽의 동정을 정확하게 알아야 할 **必要**가 생겼다.

11. 수업시간에 노트 **筆記**를 잘해야 시험 볼 때에 고생하지 않는다.

12. 한석봉은 조선 제일의 **名筆**이다.

13. **害惡**을 끼치다.

14. 많은 사람들이 **水害**로 집을 잃었다.

15. 원만한 사회생활을 위해선 주변 사람들과의 **同化**가 필요하다.

16. 경비를 **強化**시켰다.

17. 이 법은 많은 문제점을 안고 있어서 **發效**도 하기 전에 개정해야 한다는 소리가 높다.

18. 일석이조의 **效果**를 거두다.

19. 일본의 속셈은 조선을 지배하려는 **凶計**가 분명했다.

20. **凶惡**하게 생긴 얼굴도 아니요, 사기꾼같이 뵈지도 않는다.

자원으로 한자 알기.

51. 크기를 그치고(　) 개(戌)는 작은(少) 새끼를 낳기까지 한 해가 걸리니

52. 물(　)로 먼저(先) 씻으니

53. 나무(　)를 에워(囗) 싸 묶고 약속하니

54. 머리의 모양

55. 집(　)에 사람(亻) 백(百) 명이 자니

56. 냇물(巛)이 흐르듯 거스르지 않고 우두머리(　)의 명령을 순하게 따르니

57. 말(　)이나 소리(音)를 창(戈)으로 알게 기록하니

58. 머리를 숙이고 있는 신하의 모양

59. 수확하여 집(　)에 꿰어(貫) 말려 놓은 열매

60. 절구(臼)가 걷는(　) 것처럼 머리가 큰 아이

61. 최선이 아닌 다음(亞)을 생각하는 마음(　)은 악하고 미우니

62. 실(　)로 싸(勹) 점(丶)처럼 묶어 맺으니

63. 양(羊)을 먹여(　) 기르니

64. 덮어서(　) 여자(女)는 중요한 곳을 가리니

65. 손(ナ)과 손(　)을 잡고 악수하는 벗

66. 하늘(一)을 덮은(冖) 구름에서 물(水)방울이 떨어져 비라는 뜻

67. 비(　)올 것을 말하여(云) 주는 구름

68. 하늘땅(二)의 많은 생물 중에서 걷는 사람(　)이 으뜸이니

69. 사람(　)이 가죽(韋) 옷을 입을 정도로 크고 위대하니

70. 사사로운(厶) 사람(　)으로써 까닭이 있으니

71. 사람(　)들이 삐뚤어진(丿) 일을 선비(士)에게 부탁하고 맡기니

72. 나무(　)를 재주(才) 있게 다듬어 재목으로 쓰니

73. 돈(　) 버는 재주(才)가 있어 늘어나는 재물

74. 흰(　) 바탕에 싸여(勹) 있는 점(丶) 같은 과녁

75. 사람(　)들이 수레(車)를 규칙(寸)에 따라 만들어 전하니

88

🐄 자원으로 한자 알기.

76. **악곡**(曲)이 적힌 **여덟**(　)권의 **책**

77. **지붕**(　) 밑에 **풀**(艹) **한**(一) 더미를 **갈고리**(亅)로 **삐치고**(丿) **파여**(乀) **펼치니**

78. **일곱**(七) 개를 **칼**(　)로 **모두 끊으니**

79. **대**(　)가 자라면서 **곧바로**(卽) 생기는 **마디**

80. **큰집**(　)에서 **점치듯**(卜) **입**(口)으로 말하며 물건을 파는 **가게**

81. **마음**(　)에 **젊은이**(靑)가 품은 **뜻**

82. **말**(　)을 **두루**(周) **고르게 듣고 조사하니**

83. **머리**(亠)에 갓 쓴 **사람**(人)과 **사람**(人)들이 **십**(　)일 만에 **군사교육을 마치니**

84. **벼**(　)는 **중요한**(重) 씨이니

85. **점**(丶)처럼 **냇물**(　)이 흐르는 곳에 형성된 **고을**

86. **두루**(周) 살피기 위해 **뛰어**(　) 도는데 **일주일 걸리니**

87. **화살**(　)처럼 빠르게 **입**(口)으로 말할 수 있으니 **알지**

88. **도끼**(斤)와 **도끼**(斤)를 들고 비교하며 **돈**(　) 주고 사려고 **바탕을 따지니**

89. **양**(羊)의 **끈**(丿) 같은 털이 **눈**(　)에 **붙으니**

90. **사사로이**(　) **세** 번이나 **사람**(人)이 머리털(彡)을 단장하고 모임에 **참여하니**

91. **생명**(主) 같은 **돈**(　)을 어쨌냐고 **꾸짖으며 책임**을 물으니

92. **머리**(亠)에 **사사로운**(厶) 생각으로 **사람**(　)마다 **가득 채우니**

93. **집**(　) 지붕을 **끈**(丿)으로 **일곱**(七) 번이나 묶어 지은 **집**

94. **입**(　)과 **입**(口)에서 **입**(口)으로 전해져 소문나는 **물건**

95. **마음**(　)이 **삐치면**(丿) **반드시** 풀어야 하니

96. **대**(　)로 **붓**(聿)을 만들어 **글씨를 쓰니**

97. **집**(　)에서도 **살면서**(主) **입**(口)으로 아무렇게나 말하면 **해로우니**

98. **사람**(亻)은 늙으면 허리가 **구부러져**(　) 모양이 **변하니**

99. **사귐**(爻)이 좋지 않아 **치며**(　) 좋은 것을 **본받도록** 하니

100. **깨진**(乂) 그릇(　)은 보기 **흉하니**

89

다음 한자의 뜻과 음을 쓰세요.

歲	洗	束	首	宿	順	識
臣	實	兒	惡	約	養	要
友	雨	雲		元	偉	以
任	材				財	的
傳						典
展	切				節	店
情	調	卒		種	州	週
知	質	着	參	責	充	宅
品	必	筆	害	化	效	凶

5Ⅱ 51-100번
형성평가

다음 뜻과 음을 지닌 **한자**를 쓰세요.

해 세	씻을 세	묶을 속	머리 수	잘 숙	순할 순	알 식
신하 신	열매 실	아이 아	악할 악	맺을 약	기를 양	중요할 요
벗 우	비 우	구름 운		으뜸 원	클 위	써 이
맡길 임	재목 재				재물 재	과녁 적

5Ⅱ 51-100번
형성평가

전할 전						법 전
펼 전	끊을 절				마디 절	가게 점
뜻 정	고를 조	마칠 졸		씨 종	고을 주	주일 주
알 지	바탕 질	붙을 착	참여할 참	꾸짖을 책	채울 충	집 택
물건 품	반드시 필	붓 필	해할 해	변화할 화	본받을 효	흉할 흉

**5급
신습한자**

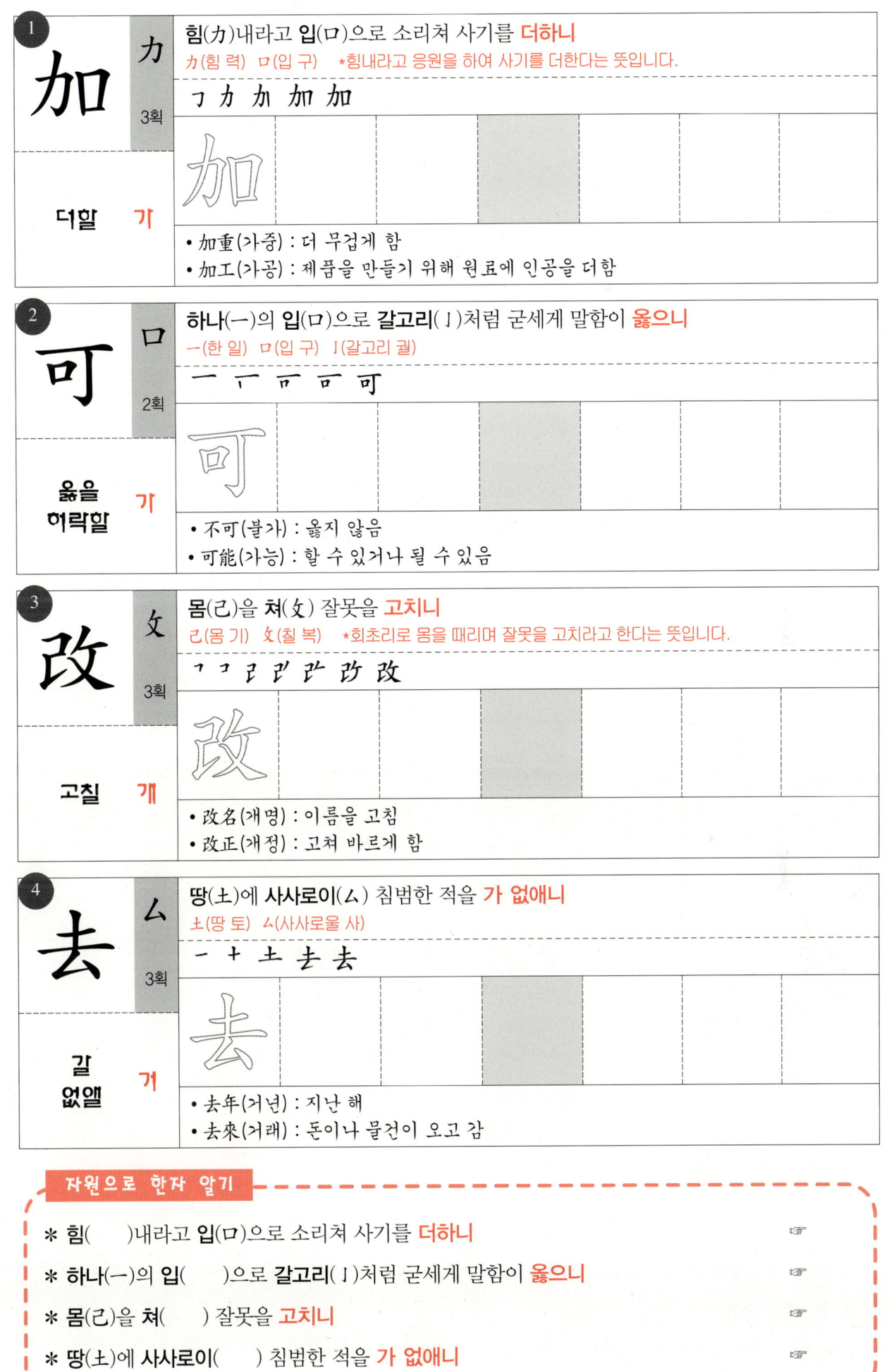

자원으로 한자 알기

* 힘(   )내라고 입(口)으로 소리쳐 사기를 **더하니**
* 하나(一)의 입(   )으로 갈고리(亅)처럼 굳세게 말함이 **옳으니**
* 몸(己)을 쳐(   ) 잘못을 **고치니**
* 땅(土)에 사사로이(   ) 침범한 적을 **가 없애니**

⑤ 擧 (手, 14획) — 들 거

더불어(與) 손(手)을 **드니**

臼(절구 구) 一(한 일) 勹(쌀 포) ㅣ(송곳 곤) 八(나눌 팔) 手(손 수)

필순: ᶜ ᶜ' 臼 臼 舁 舁 舁 與 與 與 與 擧 擧 擧

* 與(더불 여) : 절구(臼) 하나(一)와 싸여(勹) 있는 공이(ㅣ) 하나(一)를 나누어(八) 더불어 드니
* 擧手(거수) : 손을 들어 올림

⑥ 件 (亻, 4획) — 물건/사건 건

사람(亻)에게 소(牛)는 중요한 **물건**이니

亻(사람 인) 牛(소 우)

필순: 丿 亻 亻 亻 件 件

* 物件(물건) : 일정한 형체를 갖춘 모든 물질적 대상
* 事件(사건) : 사회적으로 문제를 일으키거나 주목을 받을 만한 뜻밖의 일

⑦ 建 (廴, 6획) — 세울 건

붓(聿)을 끌어(廴) 계획을 **세우니**

聿(붓 율) 廴(끌 인) *붓을 이리저리 끌어가며 글을 써서 계획을 세운다는 뜻입니다.

필순: 一 ㄱ ㅋ ㅋ 聿 聿 津 建 建

* 建國(건국) : 나라를 세움
* 建立(건립) : 건물, 기념비, 동상 따위를 만들어 세움

⑧ 健 (亻, 9획) — 건강할 건

사람(亻)은 몸을 바로 세워야(建) **건강하니**

亻(사람 인) 建(세울 건) *몸을 바른 자세로 하라는 뜻입니다.

필순: 丿 亻 亻 亻 亻 亻 亻 健 健 健

* 健勝(건승) : 탈 없이 건강함
* 健全(건전) : 건강하고 온전함

자원으로 한자 알기

* 더불어(與) 손(   )을 **드니**   ☞
* 사람(   )에게 소(牛)는 중요한 **물건**이니   ☞
* 붓(聿)을 끌어(   ) 계획을 **세우니**   ☞
* 사람(   )은 몸을 바로 세워야(建) **건강하니**   ☞

9. 景 (경치 경) - 8획

해(日)가 뜬 서울(京)의 **경치**
日(해 일) 京(서울 경)

필순: 一 口 日 日 H 모 몬 昌 昌 景 景 景

- 風景(풍경) : 경치
- 雪景(설경) : 눈이 쌓인 경치

10. 競 (다툴 경) - 15획

서(立) 형(兄) 둘이 **다투니**
立(설 립) 兄(형 형) *형 둘이 마주서서 다툰다는 뜻입니다.

- 競合(경합) : 서로 맞서 겨룸
- 競走(경주) : 일정한 거리를 정하고 달리기를 다툼

자원으로 한자 알기

* 해(　) 가 뜬 **서울**(京)의 **경치**
* 서(　) **형**(兄) 둘이 **다투니**

一思多得

禾	+	= 和(화할 화)	벼(禾)를 수확하여 여럿이 나누어 **입**(口)으로 먹으면 **화목하니**
矢	+ 口	= 知(알 지)	화살(矢)처럼 빠르게 **입**(口)으로 말할 수 있으니 **알지**
力	+	= 加(더할 가)	힘(力)내라고 **입**(口)으로 소리쳐 사기를 **더하니**

亻	+ 牛	= 件(물건 건)	사람(亻)에게 **소**(牛)는 중요한 **물건**이니
	+ 建	= 健(건강할 건)	사람(亻)은 몸을 바로 **세워야**(建) **건강하니**

다음 한자를 나누고 **자원**을 쓰면서 익히세요.

加 더할 가	=		+				
可 옳을 가	=		+		+		
改 고칠 개	=		+				
去 갈 거	=		+				
擧 들 거	=		+				
件 물건 건	=		+				
建 세울 건	=		+				
健 건강할 건	=		+				
景 경치 경	=		+				
競 다툴 경	=		+				

🔹 다음 한자어의 **독음**을 쓰세요.

加 重	加 工	不 可	可 能

改 名	改 正	去 年	去 來

擧 手	物 件	事 件	建 國

建 立	健 勝	健 全	風 景

雪 景	競 合	競 走	

🔹 다음 한자어를 **한자**로 쓰세요.

더할 가	무거울 중	아닐 불	옳을 가	고칠 개	이름 명	갈 거	해 년

들 거	손 수	물건 물	물건 건	세울 건	나라 국	건강할 건	이길 승

경치 풍	경치 경	다툴 경	겨룰 합	더할 가	만들 공	옳을 가	능할 능

고칠 개	바를 정	갈 거	올 래	일 사	사건 건	세울 건	설 립

건강할 건	온전할 전	눈 설	경치 경	다툴 경	달릴 주		

예문으로 한자어 익히기 (한자로 쓰인 단어의 뜻을 써보세요.)

1. 같은 죄를 거듭하여 저지르면 형벌을 **加重**한다.

2. 통조림은 **加工**식품이다.

3. 아파트 특혜 분양의 **不可**를 주장하다.

4. 이 세상엔 **可能**이 있을 뿐 해서 안 되는 일은 없사옵니다.

5. 일제 강점기에 많은 사람이 일본식 이름으로 **改名**을 했다.

6. 문서의 잘못된 부분을 **改正**하였다.

7. 내 **去年**에도 이곳에 왔었소만, 백성들의 원성이 대단합디다.

8. 장사꾼들은 물건 **去來**가 없어 불경기라고 아우성친다.

9. 이 안건에 찬성하는 분은 **擧手**로 의사를 표시해 주시기 바랍니다.

10. **物件**을 탐내다.

11. 경찰은 주민들로부터 **事件** 당시의 목격담을 들었다.

12. 고구려 유민은 대조영을 중심으로 만주 지방에서 발해를 **建國**하였다.

13. 동상 **建立**을 위해 기금을 모으고 있다.

14. 여러분의 **健勝**을 빕니다.

15. 건강한 신체에 **健全**한 정신이 깃든다.

16. 단풍이 곱게 물든 시골의 **風景**은 한 폭의 그림처럼 보였다.

17. 천지를 뒤덮은 새하얀 **雪景**이 보면 볼수록 아름답다.

18. 올림픽 유치를 두고 두 도시가 치열한 **競合**을 벌이고 있다.

19. 그는 오래달리기 **競走**에서 우승을 하였다.

11. 輕 (車, 7획) - 가벼울 경

수레(車)가 물줄기(巠) 흐르듯 **가볍게** 굴러가니
車(수레 거) 一(한 일) 巛(내 천) 工(만들 공)

一 𠃊 丆 百 亘 車 車 軒 軒 軒 輊 輊 輕 輕

* 巠(물줄기 경) : 하나(一)의 냇물(巛)이 흘러가며 만들어진(工) 물줄기
* 輕重(경중) : 가벼움과 무거움

12. 固 (囗, 5획) - 굳을 고

울타리(囗)를 치고 **오랫동안**(古) **굳게** 지키니
囗(에울 위) 古(오랠 고)

丨 冂 冂 冃 田 田 固 固

* 固體(고체) : 일정한 모양과 부피를 가진 물체
* 固定(고정) : 일정한 곳에 있어 움직이지 않음

13. 考 (耂, 2획) - 생각할 고

늙은(耂)이가 **다섯**(万) 번이나 **생각하니**
耂(늙을 로) 万(숫자 5)   *늙으면 생각이 깊고 많아지지요?

一 十 土 耂 耂 考

* 小考(소고) : 체계를 세우지 않은 부분적인 고찰
* 考古(고고) : 옛 유물, 유적으로 고대의 사실을 연구함

14. 曲 (曰, 2획) - 굽을/악곡 곡

말(曰)을 위로 두 번이나 **뚫어**(丨) **굽었음을** 알리니
曰(말할 왈) 丨(뚫을 곤)

丨 冂 曰 曲 曲

* 曲線(곡선) : 굽은 선
* 名曲(명곡) : 이름난 악곡

자원으로 한자 알기

* **수레**(   )가 **물줄기**(巠) 흐르듯 **가볍게** 굴러가니
* **울타리**(   )를 치고 **오랫동안**(古) **굳게** 지키니
* **늙은**(   )이가 **다섯**(万) 번이나 **생각하니**
* **말**(   )을 위로 두 번이나 **뚫어**(丨) **굽었음을** 알리니

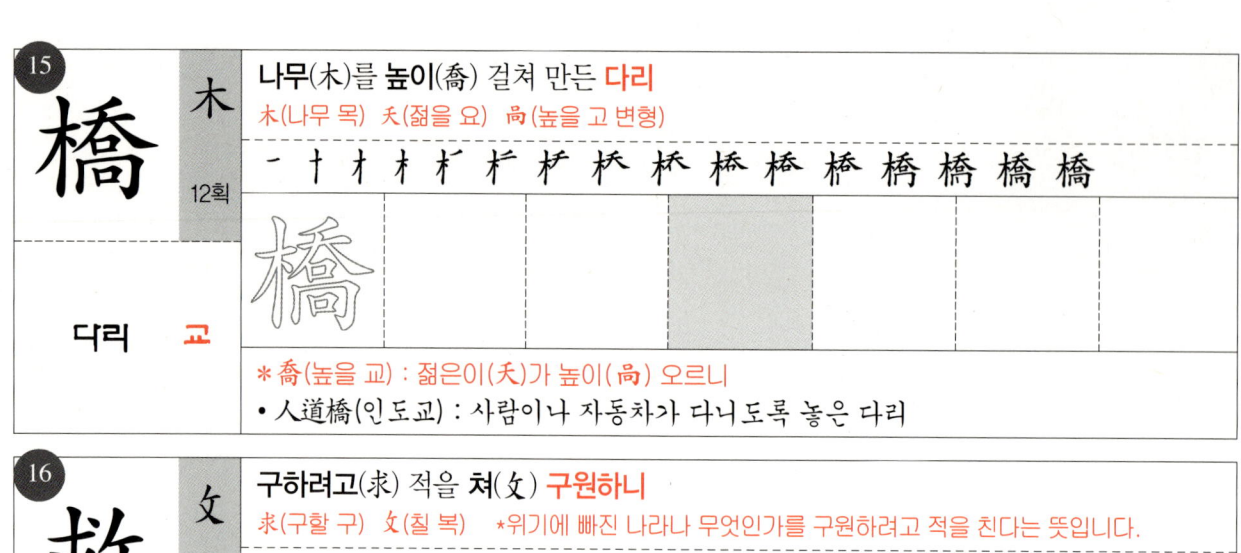
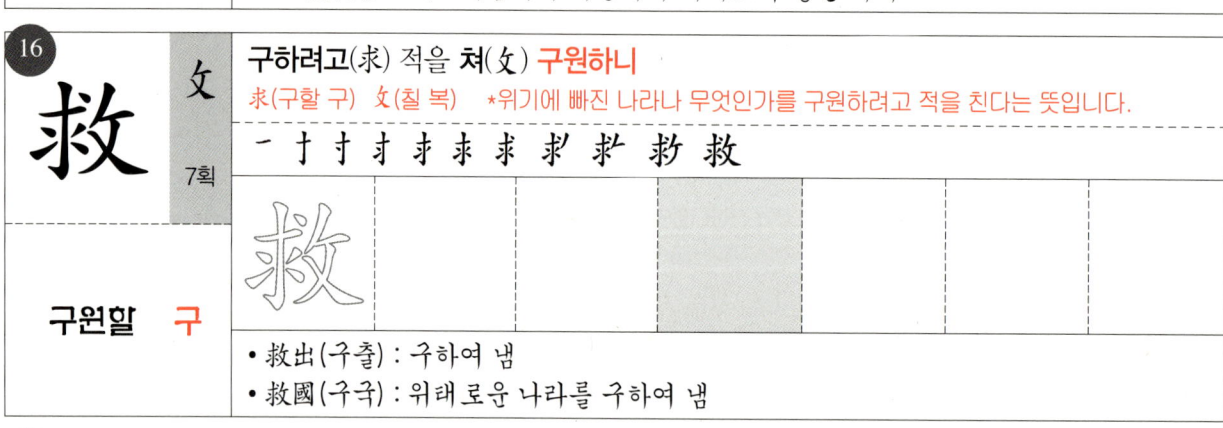
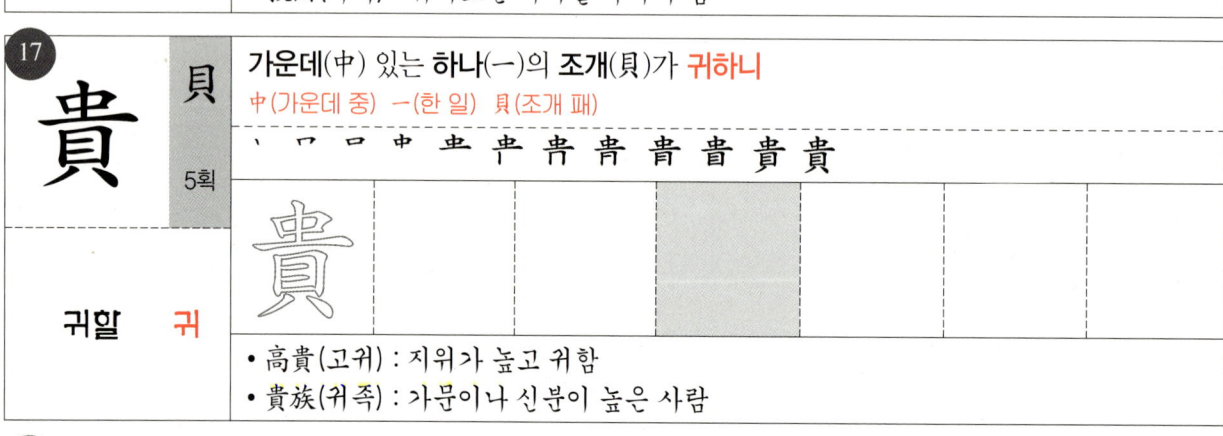
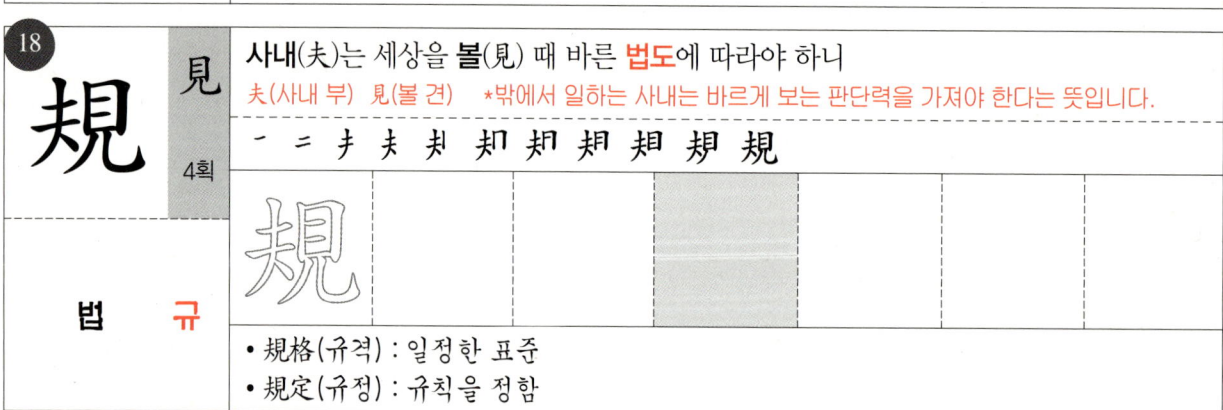

자원으로 한자 알기

* 나무(　　)를 높이(喬) 걸쳐 만든 다리　　☞
* 구하려고(求) 적을 쳐(　　) 구원하니　　☞
* 가운데(中) 있는 하나(一)의 조개(　　)가 귀하니　　☞
* 사내(夫)는 세상을 볼(　　) 때 바른 법도에 따라야 하니　　☞

19 給 (糸, 6획) — 줄 급

실(糸)을 합하여(合) 넉넉하게 **주니**
糸(실 사) 合(합할 합)

亻 亽 亽 幺 糸 糸 紒 紒 絲 給 給 給

- 給食(급식) : 음식을 줌
- 月給(월급) : 일을 한 대가로 달마다 받는 삯

20 技 (扌, 4획) — 재주 기

손(扌)으로 일정하게 **가르는**(支) **재주**
扌(손 수) 支(가를 지)   *무엇인가를 일정하게 나누는 손재주가 있다는 뜻입니다.

一 十 扌 扌 扩 抌 技

- 技術(기술) : 공예의 재주
- 長技(장기) : 가장 잘하는 재주

자원으로 한자 알기

* 실(　)을 **합하여**(合) 넉넉하게 **주니**　　☞
* 손(　)으로 일정하게 **가르는**(支) **재주**　☞

一思多得

耂	+	子	=	孝(효도 효)	**늙은**(耂)이를 **아들**(子)이 업고 **효도**하니
	+	匕	=	老(늙을 로)	**늙어**(耂) 허리를 **구부리고**(匕) 있는 **늙은이**
	+	白	=	者(사람 자)	**늙고**(耂) 머리가 **흰**(白) **사람**
	+	丂	=	考(생각할 고)	**늙은**(耂)이가 **다섯**(丂) 번이나 **생각하니**

苟	+		=	敬(공경 경)	**진실하게**(苟) 살라고 **치며**(攵) 깨우치는 사람을 **공경**하니
交	+	攵	=	效(본받을 효)	**사귐**(交)이 좋지 않아 **치며**(攵) 좋은 것을 **본받도록** 하니
己	+		=	改(고칠 개)	**몸**(己)을 **쳐**(攵) 잘못을 **고치니**
求	+		=	救(구원할 구)	**구하려고**(求) 적을 **쳐**(攵) **구원하니**

다음 한자를 나누고 **자원**을 쓰면서 익히세요.

輕 (가벼울 경) = ☐ + ☐

固 (굳을 고) = ☐ + ☐

考 (생각할 고) = ☐ + ☐

曲 (굽을 곡) = ☐ + ☐

橋 (다리 교) = ☐ + ☐

救 (구원할 구) = ☐ + ☐

貴 (귀할 귀) = ☐ + ☐ + ☐

規 (법 규) = ☐ + ☐

給 (줄 급) = ☐ + ☐

技 (재주 기) = ☐ + ☐

다음 한자어의 **독음**을 쓰세요.

輕重　　固體　　固定　　小考

考古　　曲線　　名曲　　救出

救國　　高貴　　貴族　　規格

規定　　給食　　月給　　技術

長技

다음 한자어를 **한자**로 쓰세요.

| 가벼울 경　무거울 중 | 굳을 고　물체 체 | 작을 소　생각할 고 | 굽을 곡　줄 선 |

| 구원할 구　날 출 | 높을 고　귀할 귀 | 법 규　격식 격 | 줄 급　음식 식 |

| 재주 기　재주 술 | 굳을 고　정할 정 | 생각할 고　예 고 | 이름날 명　악곡 곡 |

| 구원할 구　나라 국 | 귀할 귀　겨레 족 | 법 규　정할 정 | 달 월　줄 급 |

| 좋을 장　재주 기 |

예문으로 한자어 익히기 (한자로 쓰인 단어의 뜻을 써보세요.)

1. 죄의 **輕重**에 따라 죄인을 처벌하다.

2. 물은 액체이고, 얼음은 **固體**이다.

3. 작은 못으로 박아 벽에 **固定**시켰다.

4. 향가 **小考**

5. **考古** 인류학

6. **曲線**을 그리다.

7. 그는 음악가가 되어 언제 들어도 심금을 울리는 **名曲**을 남기고 싶어 했다.

8. 불구덩이 속에서 인명을 **救出**하다.

9. 백성들은 죽음을 불사하고 **救國**의 싸움에 온몸을 바치겠다는 각오를 새로이 했다.

10. 호국 영령들의 **高貴**한 희생정신을 기리다.

11. 그는 왕실로부터 후작의 작위를 받은 **貴族**이다.

12. **規格**에 맞추다.

13. 대회의 **規定**에 따라 금지 약물을 복용한 선수는 탈락하였다.

14. 우리 학교에서는 **給食**을 실시하고 있다.

15. **月給**을 받다.

16. 그는 **技術**을 연마하기 위해 노력했다.

17. 그의 **長技**는 뭐니 뭐니 해도 명창에 비길 만한 소리이다.

21 期 (때 기약할 기) — 8획

月

그(其) 달(月)의 모양을 보고 **때를 기약하니**
其(그 기) 月(달 월) *달의 모양을 보면 날짜를 알 수 있다는 뜻입니다.

一 十 艹 廾 甘 苴 其 其 期 期 期 期

- 期間(기간) : 일정한 시기의 사이
- 期待(기대) : 희망을 가지고 기약한 것을 기다림

22 汽 (김 기) — 4획

氵

물(氵)이 뜨거운 **기운**(气)을 받으면 생기는 **김**
氵(물 수) 气(기운 기) *물을 불로 가열하면 김이 생기죠?

丶 丶 氵 氵 氵 氵 汽

- 汽力(기력) : 증기의 힘
- 汽車(기차) : 증기기관을 원동력으로 하여 궤도 위를 운행하는 차량

23 吉 (길할 길) — 3획

口

선비(士)의 입(口)에서 나오는 말은 **길하니**
士(선비 사) 口(입 구) *학식과 인품이 높은 선비의 입에서 나오는 말은 좋다는 뜻입니다.

一 十 士 吉 吉 吉

- 吉日(길일) : 좋은 날
- 吉凶(길흉) : 운이 좋고 나쁨

24 壇 (단 단) — 13획

土

흙(土)을 높이(亶) 쌓아 만든 **단**
土(흙 토) 亠(머리 두) 回(돌 회) 旦(아침 단)

一 十 土 土 圹 圹 坛 坛 坮 坮 壇 壇 壇 壇

*亶(높을 단) : 머리(亠) 위를 도는(回) 아침(旦) 해가 높으니
- 敎壇(교단) : 가르칠 때 올라서는 단

자원으로 한자 알기

* 그(其) 달(   )의 모양을 보고 **때를 기약하니** ☞
* 물(   )이 뜨거운 **기운**(气)을 받으면 생기는 **김** ☞
* 선비(士)의 입(   )에서 나오는 말은 **길하니** ☞
* 흙(   )을 높이(亶) 쌓아 만든 **단** ☞

25 談 (말씀 담) 8획

말(言)하여 불(火)과 불(火)이 겹쳐 훤히 타오르듯 분명하게 **말씀**하니
言(말씀 언) 火(불 화) *불처럼 밝고 분명하게 말한다는 뜻입니다.

`丶 亠 宀 宁 言 言 言 言' 訟 訟 診 談 談 談`

- 相談(상담) : 서로 의논함
- 面談(면담) : 얼굴을 마주 대하고 이야기 함

26 島 (섬 도) 7획

새(鳥)가 산(山)이 있는 **섬**에서 쉬어가니
鳥(새 조) 山(산 산) *새가 이동하다가 바다가운데 섬에서 쉬어간다는 뜻입니다.

`丿 亻 丨 户 户 自 鳥 鳥 島 島`

- 島民(도민) : 섬에 사는 사람
- 半島(반도) : 삼면이 바다에 싸이고 한 면은 육지에 이어진 땅

27 都 (도읍 도) 9획

사람(者)들이 많이 모여 사는 고을(阝)은 **도읍**이니
者(사람 자) 阝(고을 읍) *도시에 사람들이 많이 모여 살죠?

`一 十 土 耂 耂 耂 者 者 者 者' 都 都`

- 古都(고도) : 옛 도읍
- 都市(도시) : 일정한 지역의 정치, 경제, 문화상의 중심을 이룬 인구의 집중지역

28 落 (떨어질/마을 락) 9획

풀(艹)에서 물(氵)이 각각(各) **떨어지니**
艹(풀 초) 氵(물 수) 各(각각 각)

`一 十 十 艹 艹 艾 莎 莎 茨 茨 落 落`

- 下落(하락) : 값이 떨어짐
- 村落(촌락) : 마을

자원으로 한자 알기

* 말(　)하여 불(火)과 불(火)이 겹쳐 훤히 타오르듯 분명하게 **말씀**하니
* 새(鳥)가 산(　)이 있는 **섬**에서 쉬어가니
* 사람(者)들이 많이 모여 사는 고을(　)은 **도읍**이니
* 풀(　)에서 물(氵)이 각각(各) **떨어지니**

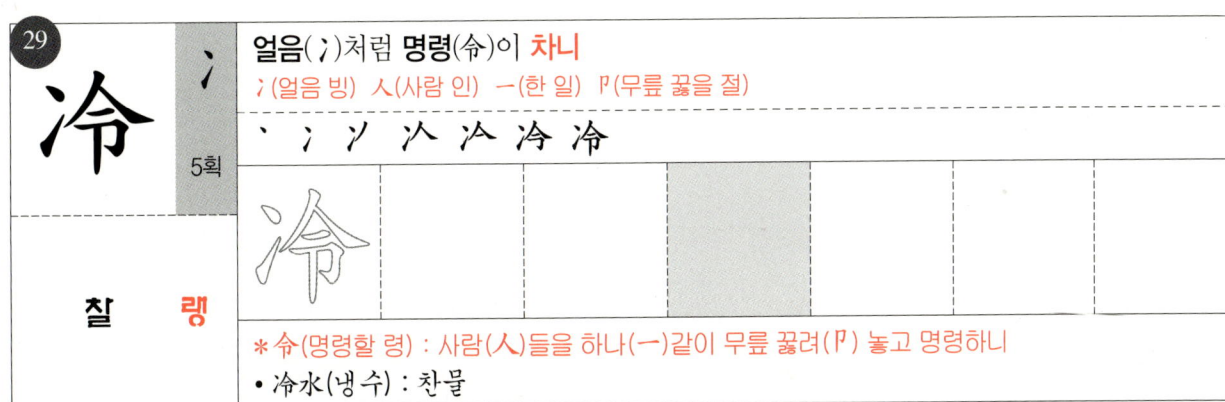

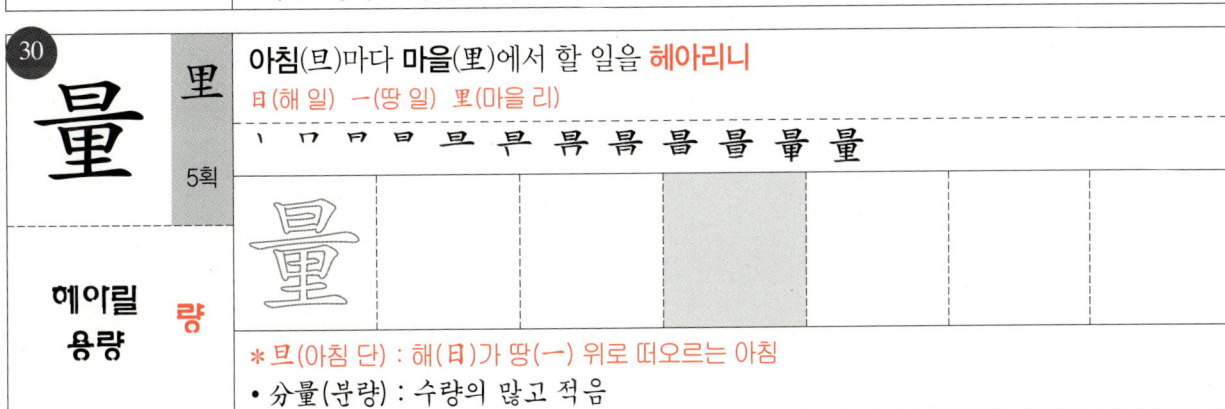

자원으로 한자 알기

* 얼음(   )처럼 명령(令)이 차니
* 아침(旦)마다 마을(   )에서 할 일을 헤아리니

一思多得

其	+	土	=	基(터 기)	그(其) 땅(土)에 터를 정하니
	+	月	=	期(기약할 기)	그(其) 달(月)의 모양을 보고 때를 기약하니

효 口	+		=	部(나눌 부)	서(효) 입(口) 벌려 고을(阝)의 일을 의논하고 나누어 거느리니
君	+	阝	=	郡(고을 군)	임금(君)의 명을 받아 다스리는 고을(阝)
者	+		=	都(도읍 도)	사람(者)들이 많이 모여 사는 고을(阝)은 도읍이니

효	+		=	童(아이 동)	서(효) 마을(里)에서 뛰어노는 아이
旦	+	里	=	量(헤아릴 량)	아침(旦)마다 마을(里)에서 할 일을 헤아리니

다음 한자를 나누고 **자원**을 쓰면서 익히세요.

期 기약할 기 = ☐ + ☐

汽 김 기 = ☐ + ☐

吉 길할 길 = ☐ + ☐

壇 단 단 = ☐ + ☐

談 말씀 담 = ☐ + ☐ + ☐

島 섬 도 = ☐ + ☐

都 도읍 도 = ☐ + ☐

落 떨어질 락 = ☐ + ☐ + ☐

冷 찰 랭 = ☐ + ☐

量 헤아릴 량 = ☐ + ☐

🐙 다음 한자어의 **독음**을 쓰세요.

期 間	期 待	汽 力	汽 車
吉 日	吉 凶	敎 壇	相 談
面 談	島 民	半 島	古 都
都 市	下 落	村 落	冷 水
分 量			

🐙 다음 한자어를 **한자**로 쓰세요.

때 기 사이 간	김 기 힘 력	길할 길 날 일	가르칠 교 단 단
서로 상 말씀 담	섬 도 백성 민	예 고 도읍 도	아래 하 떨어질 락
찰 랭 물 수	단위 분 용량 량	기약할 기 기다릴 대	김 기 차 차
길할 길 흉할 흉	얼굴 면 말씀 담	반 반 섬 도	도읍 도 행정구역 시
마을 촌 마을 락			

예문으로 한자어 익히기 (한자로 쓰인 단어의 뜻을 써보세요.)

1. 날씨가 건조한 가을은 불조심 강조 **期間**이다.

2. 그는 부모님의 **期待**에 어긋나지 않는 아들이었다.

3. 증기의 힘을 **汽力**이라고 합니다.

4. **汽車**가 철도 위를 달린다.

5. 양가는 **吉日**을 잡아 자식들의 혼례를 치렀다.

6. **吉凶**을 점치다.

7. 수업이 끝나자 선생님께서 **敎壇**을 내려오셨다.

8. 선생님과 진학 **相談**을 하였다.

9. 시장은 **面談**이나 설문지 조사 등의 방법을 통해 주민들의 의견을 수렴하였다.

10. 그는 섬에 도착하여 **島民**들의 열렬한 환영을 받았다.

11. 발칸 **半島**는 유럽지역이다.

12. 경주는 신라의 **古都**이다.

13. 겨우 캄캄한 거리를 밝히던 네온도, 알전구 불빛도 꺼져 버려 **都市**는 완전한 어둠이었다.

14. 주가 **下落**으로 많은 투자자들이 손해를 보고 있다.

15. 강의 주변에는 **村落**이 형성되어 있다.

16. 화끈거리는 얼굴에 시원한 **冷水**를 끼얹자 조금 정신이 들었다.

17. 설탕의 **分量**을 조절할 수 있게 일회용 커피를 조제하였다.

31 令 (명령할 령) — 3획

人 3획

사람(人)들을 하나(一)같이 무릎 꿇려(卩) 놓고 명령하니
人(사람 인) 一(한 일) 卩(무릎 꿇을 절)

ノ 人 스 今 令

- 發令(발령) : 법령을 공포하거나 명령을 내림
- 命令(명령) : 윗사람이 아랫사람에게 내리는 분부

32 領 (거느릴 령)

頁 5획

명령(令)하여 우두머리(頁)가 부하를 거느리니
令(명령할 령) 頁(우두머리 혈)

ノ 人 人 今 令 令 今 領 領 領 領 領

- 首領(수령) : 한 당파나 무리의 우두머리
- 領土(영토) : 국가의 통치권이 미치는 구역

33 料 (헤아릴 료)

斗 6획

쌀(米)의 양을 말(斗)로 헤아려 값을 정하니
米(쌀 미) 斗(말 두)   *말 : 곡식, 액체, 가루 따위의 분량을 되는 데 쓰는 그릇

丶 丶 二 半 米 米 米 料

- 料量(요량) : 앞일을 잘 헤아려 생각함
- 料金(요금) : 수수료로 내는 돈

34 馬 (말 마)

馬 0획

말의 모양
마법 술술한자 부수 184번 참고

丨 厂 ㄷ 丆 丐 馬 馬 馬 馬 馬

- 馬車(마차) : 말이 끄는 수레
- 馬力(마력) : 동력의 단위, 말 한 필의 힘에 해당함

자원으로 한자 알기

* 사람(   )들을 하나(一)같이 무릎 꿇려(卩) 놓고 명령하니   ☞
* 명령(令)하여 우두머리(   )가 부하를 거느리니   ☞
* 쌀(米)의 양을 말(   )로 헤아려 값을 정하니   ☞
* 말의 모양   ☞

111

35 末 (끝 말)

木 1획

하늘(一)에 닿을 듯한 **나무(木)**의 **끝**
一(하늘 일) 木(나무 목)

一 二 十 末 末

- 結末(결말) : 일을 맺는 끝
- 末期(말기) : 어떤 시기의 끝 무렵

36 亡 (망할 망)

亠 1획

머리(亠)를 숙이고 **숨을(乚)** 정도로 **망하니**
亠(머리 두) 乚(숨을 혜)

丶 亠 亡

- 亡國(망국) : 망하여 없어진 나라
- 亡身(망신) : 말이나 행동을 잘못하여 신분이나 명예를 손상시킴

37 買 (살 매)

貝 5획

그물(罒)을 **돈(貝)** 주고 **사니**
罒(그물 망) 貝(돈 패)

丨 冂 罒 罒 罒 罒 買 買 買 買 買 買

- 買入(매입) : 사들임
- 不買(불매) : 사지 아니함

38 賣 (팔 매)

貝 8획

선비(士)가 **사서(買)** 다시 **파니**
士(선비 사) 買(살 매)

一 十 士 士 吉 吉 吉 吉 吉 吉 壺 壺 賣 賣

- 賣出(매출) : 물건을 내다 팖
- 賣買(매매) : 물건을 팔고 사는 일

자원으로 한자 알기

* 하늘(一)에 닿을 듯한 **나무(   )**의 **끝**
* **머리(   )**를 숙이고 **숨을(乚)** 정도로 **망하니**
* **그물(罒)**을 **돈(   )** 주고 **사니**
* **선비(士)**가 **사서(買)** 다시 **파니**

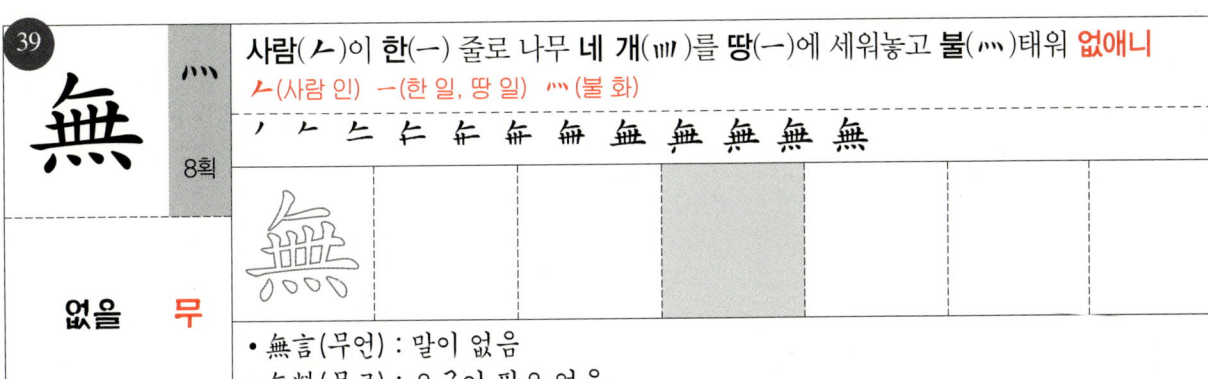

39 無 8획 없을 무	⺍	사람(ㅅ)이 한(一) 줄로 나무 네 개(ㅃ)를 땅(一)에 세워놓고 불(⺍)태워 **없애니**
		ㅅ(사람 인) 一(한 일, 땅 일) ⺍(불 화)
		ノ ㅑ ㅑ 놑 놑 無 無 無 無 無
		• 無言(무언) : 말이 없음
		• 無料(무료) : 요금이 필요 없음

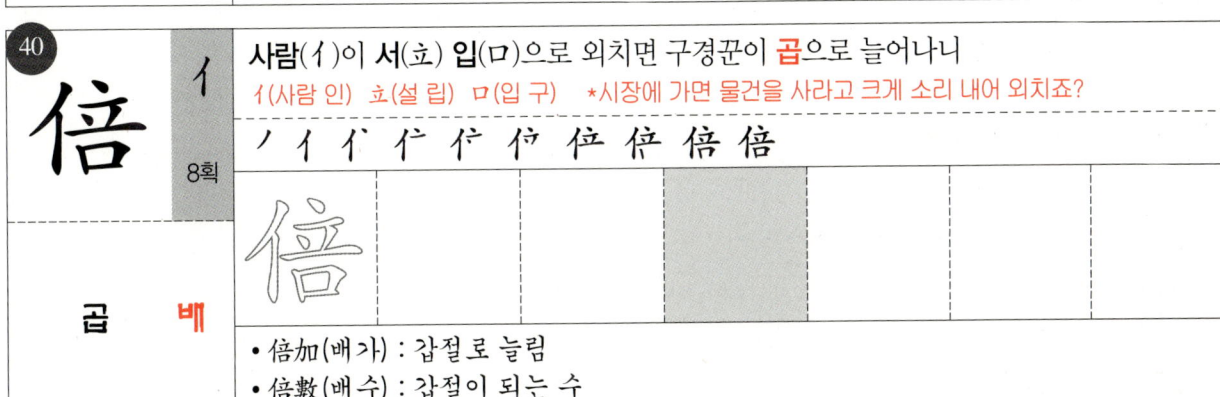

40 倍 8획 곱 배	亻	사람(亻)이 서(효) 입(口)으로 외치면 구경꾼이 **곱**으로 늘어나니
		亻(사람 인) 효(설 립) 口(입 구) *시장에 가면 물건을 사라고 크게 소리 내어 외치죠?
		ノ 亻 亻 亻 伫 伫 伫 倍 倍 倍
		• 倍加(배가) : 갑절로 늘림
		• 倍數(배수) : 갑절이 되는 수

자원으로 한자 알기

* 사람(ㅅ)이 한(一) 줄로 나무 네 개(ㅃ)를 땅(一)에 세워놓고 불(   )태워 **없애니**　　☞

* 사람(   )이 서(효) 입(口)으로 외치면 구경꾼이 **곱**으로 늘어나니　　☞

一思多得

人	+ 一 ㄱ	= 今(이제 금)	사람(人)들이 하나(一)같이 구부리고(ㄱ) 있는 **지금**
	+ 一 口	= 合(합할 합)	사람(人)들이 하나(一)로 입(口)을 **합하니**
	+ 一 卩	= 令(명령할 령)	사람(人)들을 하나(一)같이 무릎 꿇려(卩) 놓고 **명령하니**

㊱ 買(살 매)　賣(팔 매) 쓰임에 주의하세요.

　　買(살 매) : 買入(매입)　不買(불매)
　　賣(팔 매) : 賣出(매출)　賣買(매매)　賣場(매장)

禾 +	斗	= 科(과목 과)	벼(禾)를 말(斗)로 헤아려 구분하듯 구분해 놓은 **과목**
米 +		= 料(헤아릴 료)	쌀(米)의 양을 말(斗)로 헤아려 **값**을 정하니

다음 한자를 나누고 **자원**을 쓰면서 익히세요.

令 명령할 령	=		+		+	
領 거느릴 령	=		+	
料 헤아릴 료	=		+	
馬 말 마	=	
末 끝 말	=		+	
亡 망할 망	=		+	
買 살 매	=		+	
賣 팔 매	=		+	
無 없을 무	=		+		+		+		+	
倍 곱 배	=		+		+	

114

다음 한자어의 **독음**을 쓰세요.

發令	命令	首領	領土
料量	料金	馬車	馬力
結末	末期	亡國	亡身
買入	不買	賣出	賣買
無言	無料	倍加	倍數

다음 한자어를 **한자**로 쓰세요.

베풀 발 / 명령할 령	우두머리 수 / 거느릴 령	헤아릴 료 / 헤아릴 량	말 마 / 수레 차
맺을 결 / 끝 말	망할 망 / 나라 국	살 매 / 들 입	팔 매 / 날 출
없을 무 / 말씀 언	곱 배 / 더할 가	명령할 명 / 명령할 령	거느릴 령 / 영토 토
값 료 / 돈 금	말 마 / 힘 력	끝 말 / 때 기	망할 망 / 몸 신
아닐 불 / 살 매	팔 매 / 살 매	없을 무 / 값 료	곱 배 / 셈 수

예문으로 한자어 익히기 (한자로 쓰인 단어의 뜻을 써보세요.)

1. 선생님께선 시골의 작은 학교로 **發令**이 나서 전근을 가셨다.

2. 해가 지자 공격 **命令**을 내렸다.

3. 전봉준 장군은 동학군의 **首領**이다.

4. 고구려 광개토대왕은 **領土** 확장에 힘썼다.

5. 나는 큰집에 인사만 드리고 곧바로 올 **料量**으로 집을 나섰다.

6. 새해에 **料金**이 인상되었다.

7. **馬車**를 타다.

8. 요즘은 200**馬力**의 힘을 가진 차들이 흔하다.

9. 그 일은 결국 **結末**도 없이 흐지부지되어 버렸다.

10. 제 일차 세계 대전 **末期**

11. **亡國**의 한

12. 사람들 많은 곳에서 넘어져 **亡身**을 당하였다.

13. 일단 공공 기관에 **買入**된 토지를 이용하거나 팔려면 소정의 절차를 거쳐야한다.

14. 시민들 사이에서 사치품 **不買**의 움직임이 일어났다.

15. 이달 회사 **賣出**이 늘었다.

16. 요즘 경기 불황으로 부동산 **賣買**가 이루어지지 않고 있다.

17. 그는 말수가 적은 대신에 상대편을 대개 **無言**으로 제압했다.

18. 어린이날을 맞이하여 놀이 시설을 **無料**로 개방하였다.

19. 신문 구독자 **倍加**를 위하여 각 신문사마다 다양한 서비스 경쟁을 벌이고 있다.

20. 6은 3의 **倍數**이다.

41 比 나란할 견줄 비	比 0획	두 사람이 **나란히** **구부리고**(匕) 앉아 **견주고** 있는 모양 匕(구부릴 비) 一 ト ヒ 比 比 • 對比(대비) : 서로 맞대어 비교함 • 比等(비등) : 견주어서 보기에 서로 비슷함
42 費 쓸 비	貝 5획	제 것이 **아니**(弗)라고 **돈**(貝)을 함부로 **쓰니** 弓(활 궁) ノ(끈 별) 貝(돈 패) 一 二 弓 弔 弗 弗 弗 費 費 費 費 費 費 ＊弗(아닐 불) : 활(弓)을 끈(ノ) 두 개로 묶어 쏘면 아니 되니 • 費用(비용) : 물건을 사거나 어떤 일을 하는 데에 드는 돈
43 鼻 코 비	鼻 0획	**코**(自)로 **밭**(田)에서 난 곡식을 **두 손으로 잡고**(廾) 냄새 맡으니 自(코 자) 田(밭 전) 廾(두 손 잡을 공) ´ ´ 自 自 自 自 鼻 鼻 鼻 鼻 鼻 鼻 鼻 鼻 • 鼻音(비음) : 코가 막힌 듯이 내는 소리 • 耳目口鼻(이목구비) : 귀, 눈, 입, 코 또는 얼굴의 생김새
44 氷 얼음 빙	水 1획	**물**(水)이 **점**(丶)처럼 한 덩어리로 **어니** 水(물 수) 丶(점 주) ＊물이 얼면 한 덩어리가 되죠? 丿 冫 氷 氷 氷 氷 • 氷水(빙수) : 얼음 물 • 結氷(결빙) : 물이 얼어서 얼음이 됨

자원으로 한자 알기

* 두 사람이 **나란히** **구부리고**(匕) 앉아 **견주고** 있는 모양
* 제 것이 **아니**(弗)라고 **돈**(　)을 함부로 **쓰니**
* **코**(自)로 **밭**(田)에서 난 곡식을 **두 손으로 잡고**(廾) 냄새 맡으니
* **물**(　)이 **점**(丶)처럼 한 덩어리로 **어니**

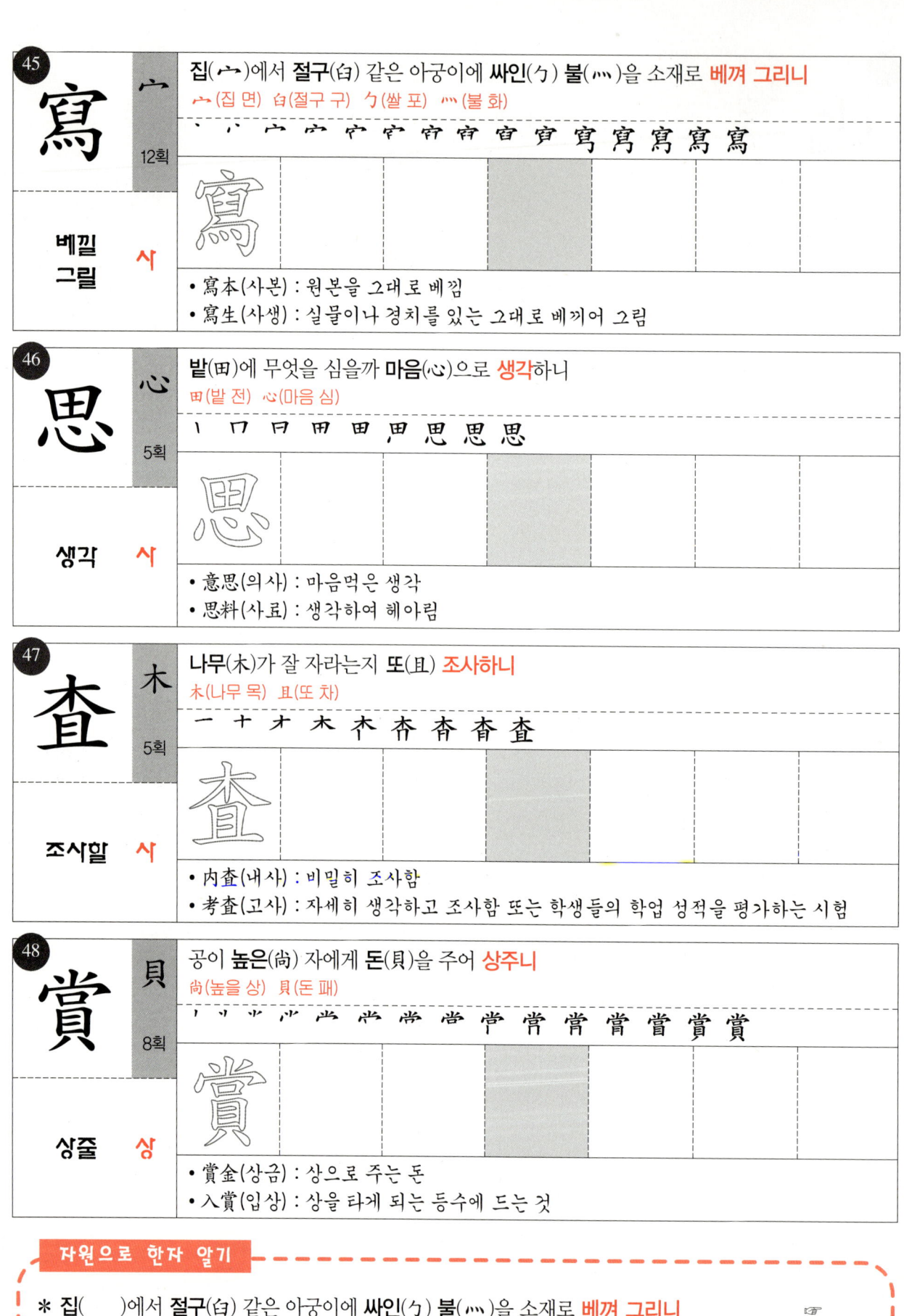

45 寫 (베낄, 그릴 사) — 12획

집(宀)에서 **절구**(臼) 같은 아궁이에 **싸인**(勹) **불**(灬)을 소재로 **베껴 그리니**
宀(집 면) 臼(절구 구) 勹(쌀 포) 灬(불 화)

丶 宀 宀 宀 宀 宀 宀 宀 宵 宵 宵 寫 寫 寫 寫

- 寫本(사본) : 원본을 그대로 베낌
- 寫生(사생) : 실물이나 경치를 있는 그대로 베끼어 그림

46 思 (생각 사) — 心, 5획

밭(田)에 무엇을 심을까 **마음**(心)으로 **생각**하니
田(밭 전) 心(마음 심)

丨 冂 日 田 田 思 思 思 思

- 意思(의사) : 마음먹은 생각
- 思料(사료) : 생각하여 헤아림

47 査 (조사할 사) — 木, 5획

나무(木)가 잘 자라는지 **또**(且) **조사하니**
木(나무 목) 且(또 차)

一 十 才 木 木 杏 杳 査 査

- 内査(내사) : 비밀히 조사함
- 考査(고사) : 자세히 생각하고 조사함 또는 학생들의 학업 성적을 평가하는 시험

48 賞 (상줄 상) — 貝, 8획

공이 **높은**(尙) 자에게 **돈**(貝)을 주어 **상주니**
尙(높을 상) 貝(돈 패)

丨 丨 丷 丷 丷 尙 尙 尙 尙 尙 賞 賞 賞 賞

- 賞金(상금) : 상으로 주는 돈
- 入賞(입상) : 상을 타게 되는 등수에 드는 것

자원으로 한자 알기

* 집(　)에서 **절구**(臼) 같은 아궁이에 **싸인**(勹) **불**(灬)을 소재로 **베껴 그리니** ☞
* 밭(田)에 무엇을 심을까 **마음**(　)으로 **생각**하니 ☞
* 나무(　)가 잘 자라는지 **또**(且) **조사하니** ☞
* 공이 **높은**(尙) 자에게 **돈**(　)을 주어 **상주니** ☞

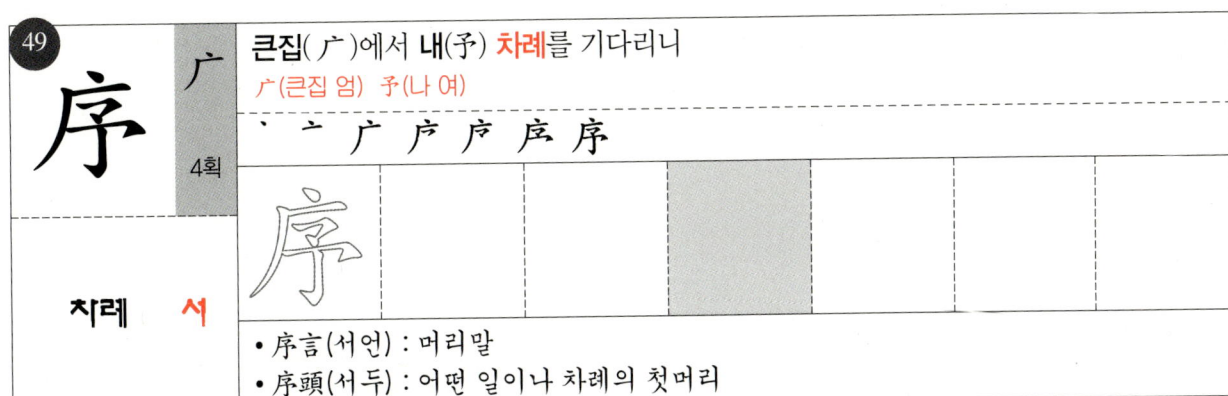

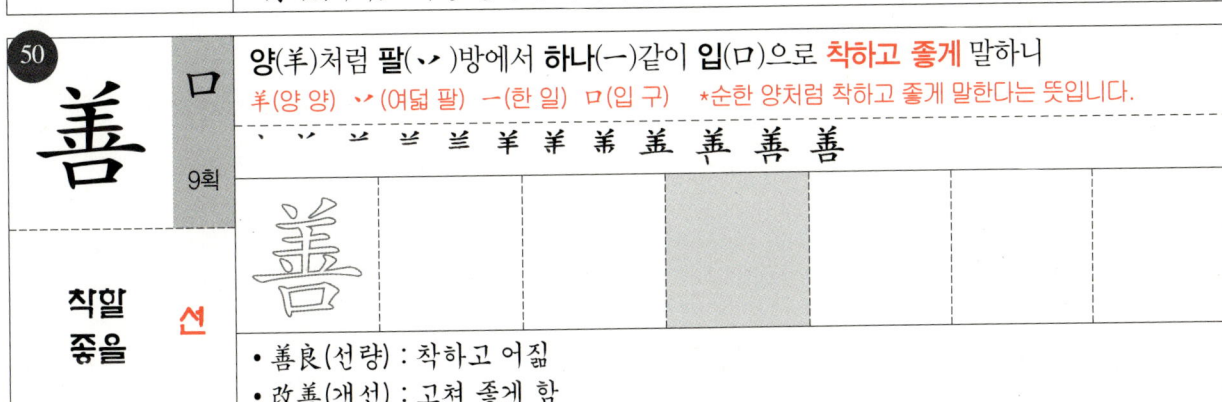

자원으로 한자 알기

* 큰집(　)에서 내(予) 차례를 기다리니
* 양(羊)처럼 팔(丷)방에서 하나(一)같이 입(　)으로 착하고 좋게 말하니

一思多得

音	+		= 意(뜻 의)	소리(音)쳐 마음(心)의 뜻을 전하니
咸	+	心	= 感(느낄 감)	다(咸) 마음(心)에 느끼니
亞	+		= 惡(악할 악)	최선이 아닌 다음(亞)을 생각하는 마음(心)은 악하고 미우니
田	+		= 思(생각 사)	밭(田)에 무엇을 심을까 마음(心)으로 생각하니

示	+	且	= 祖(할아비 조)	보이면(示) 또(且) 절해야 하는 할아버지
木	+		= 査(조사할 사)	나무(木)가 잘 자라는지 또(且) 조사하니

	+	土		= 堂(집 당)	높게(尙) 땅(土)에 지은 집
尙	+	田		= 當(마땅 당)	높은(尙) 곳에 밭(田)농사를 짓는 것이 마땅하니
	+	貝		= 賞(상줄 상)	공이 높은(尙) 자에게 돈(貝)을 주어 상주니

다음 한자를 나누고 **자원**을 쓰면서 익히세요.

比 (견줄 비) = ▢ + ▢

費 (쓸 비) = ▢ + ▢

鼻 (코 비) = ▢ + ▢ + ▢

氷 (얼음 빙) = ▢ + ▢

寫 (베낄 사) = ▢ + ▢ + ▢ + ▢

思 (생각 사) = ▢ + ▢

查 (조사할 사) = ▢ + ▢

賞 (상줄 상) = ▢ + ▢

序 (차례 서) = ▢ + ▢

善 (착할 선) = ▢ + ▢ + ▢ + ▢

🐾 다음 한자어의 **독음**을 쓰세요.

對 比　　比 等　　費 用　　鼻 音
_____　_____　_____　_____

氷 水　　結 氷　　寫 本　　寫 生
_____　_____　_____　_____

意 思　　思 料　　內 查　　考 查
_____　_____　_____　_____

賞 金　　入 賞　　序 言　　序 頭
_____　_____　_____　_____

善 良　　改 善
_____　_____

🐾 다음 한자어를 **한자**로 쓰세요.

| 대할 대 | 비교할 비 | 쓸 비 | 쓸 용 | 코 비 | 소리 음 | 얼음 빙 | 물 수 |

| 베낄 사 | 근본 본 | 뜻 의 | 생각 사 | 비밀히 내 | 조사할 사 | 상줄 상 | 돈 금 |

| 차례 서 | 말씀 언 | 착할 선 | 어질 량 | 견줄 비 | 등급 등 | 맺을 결 | 얼음 빙 |

| 그릴 사 | 살 생 | 생각 사 | 헤아릴 료 | 생각할 고 | 조사할 사 | 들 입 | 상줄 상 |

| 차례 서 | 머리 두 | 고칠 개 | 좋을 선 |

예문으로 한자어 익히기 (한자로 쓰인 단어의 뜻을 써보세요.)

1. 나는 그에게 **對比**되어 평가되는 것이 너무나 싫었다.

2. 친구와 나의 영어 실력은 **比等**하다.

3. 여행 **費用**을 부담하다.

4. **鼻音**이 많이 섞인 목소리로 애교 있게 말했다.

5. 그녀는 고개를 숙이고 **氷水** 그릇의 얼음과 팥을 섞기 시작했다.

6. 어제 내린 눈으로 도로에 **結氷** 구간이 많다.

7. 자격증 **寫本**을 제출하여라.

8. 동생은 학교에서 열린 **寫生** 대회에서 풍경화를 그려 상을 받았다.

9. 네 의견에 따를 **意思**가 있다.

10. 시간을 허비하는 것은 일을 더욱 어렵게 하는 것으로 **思料**됩니다.

11. 경찰이 용의자들을 대상으로 은밀하게 **內査**에 들어갔다.

12. 학기마다 두 번씩 **考査**를 치른다.

13. 대회의 우승자에게 **賞金**을 수여하다.

14. 그 대회에서 선수들의 **入賞** 여부는 정신력에 달려 있다.

15. 글의 **序言**이 길면 독자들이 지루함을 느끼기 쉽다.

16. 말의 **序頭**를 꺼내다.

17. 가장 **善良**하게 보이던 그가 이번 사건의 주모자나 다름없다는 후문이 나돌았다.

18. 입시 제도를 **改善**하였다.

자원으로 한자 알기.

1. 힘(   )내라고 입(口)으로 소리쳐 사기를 **더하니**
2. 하나(一)의 입(   )으로 갈고리(亅)처럼 굳세게 말함이 **옳으니**
3. 몸(己)을 쳐(   ) 잘못을 **고치니**
4. 땅(土)에 사사로이(   ) 침범한 적을 **가 없애니**
5. 더불어(與) 손(   )을 **드니**
6. 사람(   )에게 소(牛)는 중요한 **물건**이니
7. 붓(聿)을 끌어(   ) 계획을 **세우니**
8. 사람(   )은 몸을 바로 세워야(建) **건강하니**
9. 해(   )가 뜬 서울(京)의 **경치**
10. 서(   ) 형(兄) 둘이 **다투니**
11. 수레(   )가 물줄기(巠) 흐르듯 가볍게 굴러가니
12. 울타리(   )를 치고 오랫동안(古) **굳게** 지키니
13. 늙은(   )이가 다섯(五) 번이나 **생각하니**
14. 말(   )을 위로 두 번이나 뚫어(丨) **굽었음**을 알리니
15. 나무(   )를 높이(喬) 걸쳐 만든 **다리**
16. 구하려고(求) 적을 쳐(   ) **구원하니**
17. 가운데(中) 있는 하나(一)의 조개(   )가 **귀하니**
18. 사내(夫)는 세상을 볼(   ) 때 바른 **법도**에 따라야 하니
19. 실(   )을 합하여(合) 넉넉하게 **주니**
20. 손(   )으로 일정하게 가르는(支) **재주**
21. 그(其) 달(   )의 모양을 보고 때를 **기약하니**
22. 물(   )이 뜨거운 기운(气)을 받으면 생기는 **김**
23. 선비(士)의 입(   )에서 나오는 말은 **길하니**
24. 흙(   )을 높이(亶) 쌓아 만든 **단**
25. 말(   )하여 불(火)과 불(火)이 겹쳐 훤히 타오르듯 분명하게 **말씀**하니

자원으로 한자 알기.

26. 새(鳥)가 산(   )이 있는 섬에서 쉬어가니

27. 사람(者)들이 많이 모여 사는 고을(   )은 도읍이니

28. 풀(   )에서 물(氵)이 각각(各) 떨어지니

29. 얼음(   )처럼 명령(令)이 차니

30. 아침(旦)마다 마을(   )에서 할 일을 헤아리니

31. 사람(   )들을 하나(一)같이 무릎 꿇려(卩) 놓고 명령하니

32. 명령(令)하여 우두머리(   )가 부하를 거느리니

33. 쌀(米)의 양을 말(   )로 헤아려 값을 정하니

34. 말의 모양

35. 하늘(一)에 닿을 듯한 나무(   )의 끝

36. 머리(   )를 숙이고 숨을(乚) 정도로 망하니

37. 그물(罒)을 돈(   ) 주고 사니

38. 선비(士)가 사서(買) 다시 파니

39. 사람(人)이 한(一) 줄로 나무 네 개(灬)를 땅(一)에 세워놓고 불(   )태워 없애니

40. 사람(   )이 서(立) 입(口)으로 외치면 구경꾼이 곱으로 늘어나니

41. 두 사람이 나란히 구부리고(匕) 앉아 견주고 있는 모양

42. 제 것이 아니(弗)라고 돈(   )을 함부로 쓰니

43. 코(自)로 밭(田)에서 난 곡식을 두 손으로 잡고(廾) 냄새 맡으니

44. 물(   )이 점(丶)처럼 한 덩어리로 어니

45. 집(   )에서 절구(臼) 같은 아궁이에 싸인(勹) 불(灬)을 소재로 베껴 그리니

46. 밭(田)에 무엇을 심을까 마음(   )으로 생각하니

47. 나무(   )가 잘 자라는지 또(且) 조사하니

48. 공이 높은(尙) 자에게 돈(   )을 주어 상주니

49. 큰집(   )에서 내(予) 차례를 기다리니

50. 양(羊)처럼 팔(丷)방에서 하나(一)같이 입(   )으로 착하고 좋게 말하니

124

다음 한자의 **뜻**과 **음**을 쓰세요.

加	可	改	去	擧	件	建
健	景	競	輕	固	考	曲
橋	救	貴		規	給	技
期	汽				吉	壇
談						島
都	落				冷	量
令	領	料		馬	末	亡
買	賣	無	倍	比	費	鼻
氷	寫	思	査	賞	序	善

5급 1-50번 형성평가

125

다음 뜻과 음을 지닌 **한자**를 쓰세요.

더할 가	옳을 가	고칠 개	갈 거	들 거	물건 건	세울 건
건강할 건	경치 경	다툴 경	가벼울 경	굳을 고	생각할 고	굽을 곡
다리 교	구원할 구	귀할 귀		법 규	줄 급	재주 기
기약할 기	김 기			길할 길		단 단
말씀 담					섬 도
도읍 도	떨어질 락			찰 랭	헤아릴 량
명령할 령	거느릴 령	헤아릴 료		말 마	끝 말	망할 망
살 매	팔 매	없을 무	곱 배	견줄 비	쓸 비	코 비
얼음 빙	베낄 사	생각 사	조사할 사	상줄 상	차례 서	착할 선

5급 1-50번 형성평가

51. 船 (배 선) — 5획

배(舟) 안의 사무를 **책상**(几)에서 처리하고 **입**(口)으로 통솔하는 큰 **배**
舟(배 주) 几(책상 궤) 口(입 구)

′ ノ 丿 丬 月 舟 舟 舟 舩 船 船

- 商船(상선) : 상업상 목적에 쓰이는 선박
- 船長(선장) : 배 안의 모든 사무를 책임지고 선원들을 통솔하는 최고 책임자

52. 選 (가릴 뽑을 선) — 12획

뱀(巳)과 뱀(巳)처럼 구부리고 **함께**(共) **뛰어**(辶)가 좋은 것을 **가려 뽑으니**
巳(뱀 사) 共(함께 공) 辶(뛸 착)

- 選別(선별) : 가려서 따로 나눔
- 選出(선출) : 여럿 가운데서 가려 냄

53. 示 (보일 신/시) — 0획

하늘땅(二)의 **작은**(小) 일도 살펴 길흉을 **보이는 신**
二(하늘땅 이) 小(작을 소)

一 二 亍 示 示

- 明示(명시) : 분명하게 가리킴
- 公示(공시) : 일반에게 널리 알림

54. 案 (책상 생각할 인도할 안) — 6획

편안히(安) 책을 볼 수 있도록 **나무**(木)로 만든 **책상에서 생각하니**
安(편안할 안) 木(나무 목)

′ ″ ‴ 宀 宀 安 安 安 窣 案 案

- 代案(대안) : 어떤 안에 대신할 안
- 案內(안내) : 인도하여 내용을 알려 줌

자원으로 한자 알기

- * 배(　) 안의 사무를 **책상**(几)에서 처리하고 **입**(口)으로 통솔하는 큰 **배**
- * 뱀(巳)과 뱀(巳)처럼 구부리고 **함께**(共) **뛰어**(　)가 좋은 것을 **가려 뽑으니**
- * **하늘땅**(二)의 **작은**(小) 일도 살펴 길흉을 **보이는 신**
- * **편안히**(安) 책을 볼 수 있도록 **나무**(　)로 만든 **책상에서 생각하니**

55 魚 0획	魚 물고기 어	쌀(ㄨ) 밭(田)에서 불(灬)에 구워 먹는 **물고기**의 모양 ㄨ(쌀 포) 田(밭 전) 灬(불 화) ノ ㄅ ㄅ ㄅ ㅁ ㅁ 色 鱼 鱼 魚 魚 魚 • 魚類(어류) : 물고기의 무리 • 活魚(활어) : 살아 있는 물고기
56 漁 11획	氵 고기 잡을 어	물(氵)에 들어가 **물고기**(魚)를 **잡으니** 氵(물 수) 魚(물고기 어) 丶 丶 氵 氵 氵 氵 氵 氵 汾 漁 漁 漁 漁 漁 漁 • 漁船(어선) : 고기잡이 하는 배 • 漁夫(어부) : 물고기 잡는 일을 업으로 하는 사람
57 億 13획	亻 억 억	사람(亻)의 뜻(意)은 **억** 수로 많으니 亻(사람 인) 意(뜻 의) ノ 亻 亻 亻 广 俨 佇 倍 倍 倍 億 億 億 億 • 數億(수억) : 여러 억 • 億萬長者(억만장자) : 헤아리기 어려울 만큼 많은 재산을 가진 사람
58 熱 11획	灬 더울 열	언덕(坴)에 둥글게(丸) 모여 앉아 불(灬)을 때니 **덥다**. 坴(언덕 륙) 九(아홉 구) ㆍ(점 주) 灬(불 화) 一 十 土 吉 吉 幸 幸 執 執 執 熱 熱 熱 熱 * 丸(둥글 환) : 아홉(九) 번이나 굴려 점(丶)처럼 둥글게 만드니 • 熱望(열망) : 열렬하게 바람

자원으로 한자 알기

* 쌀(ㄨ) 밭(田)에서 불(灬)에 구워 먹는 **물고기**의 모양
* 물( )에 들어가 **물고기**(魚)를 **잡으니**
* 사람( )의 뜻(意)은 **억** 수로 많으니
* 언덕(坴)에 둥글게(丸) 모여 앉아 불( )을 때니 **덥다**.

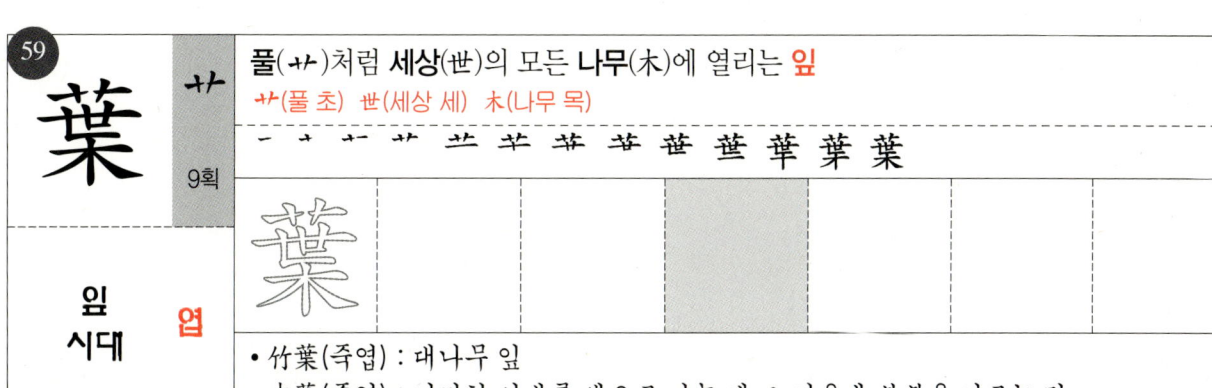

59 葉	艹 9획	풀(艹)처럼 세상(世)의 모든 나무(木)에 열리는 잎 艹(풀 초) 世(세상 세) 木(나무 목)
잎 시대 엽		• 竹葉(죽엽) : 대나무 잎 • 中葉(중엽) : 어떠한 시대를 셋으로 나눌 때 그 가운데 부분을 이르는 말

60 屋	尸 6획	지붕(尸) 밑에 이르러(至) 쉬는 집 尸(지붕 시) 至(이를 지)
집 옥		• 屋外(옥외) : 집의 밖 • 家屋(가옥) : 사람이 사는 집

자원으로 한자 알기

* 풀(   )처럼 **세상**(世)의 모든 **나무**(木)에 열리는 **잎**   ☞
* **지붕**(   ) 밑에 **이르러**(至) 쉬는 **집**   ☞

一思多得

二	+ 儿 = 元(으뜸 원)	하늘땅(二)의 많은 생물 중에서 걷는 사람(儿)이 으뜸이니
	+ 小 = 示(보일 시)	하늘땅(二)의 작은(小) 일도 살펴 길흉을 보이는 신

⑤⑤ 魚(물고기 어) 漁(고기 잡을 어) 쓰임에 주의하세요.
　魚(물고기 어) : 魚類(어류) 活魚(활어) 魚市場(어시장)
　漁(고기 잡을 어) : 漁夫(어부) 漁船(어선) 漁村(어촌)

尸	+ ㄱ 口 = 局(방 국)	지붕(尸) 밑에 구부리고(ㄱ) 입구(口)를 낸 방
	+ 至 = 屋(집 옥)	지붕(尸) 밑에 이르러(至) 쉬는 집

다음 한자를 나누고 **자원**을 쓰면서 익히세요.

船 배 선	=		+		+		
選 가릴 선	=		+		+		+	
示 보일 시	=		+		
案 책상 안	=		+		
魚 물고기 어	=		+		+		
漁 고기 잡을 어	=		+		
億 억 억	=		+		
熱 더울 열	=		+		+		
葉 잎 엽	=		+		+		
屋 집 옥	=		+		

다음 한자어의 **독음**을 쓰세요.

商 船 船 長 選 別 選 出

明 示 公 示 代 案 案 內

魚 類 活 魚 漁 船 漁 夫

數 億 熱 望 竹 葉 中 葉

屋 外 家 屋

 다음 한자어를 **한자**로 쓰세요.

| 장사 상 | 배 선 | 가릴 선 | 나눌 별 | 밝을 명 | 보일 시 | 대신할 대 | 생각할 안 |

| 물고기 어 | 무리 류 | 고기 잡을 어 | 배 선 | 여러 수 | 억 억 | 뜨거울 열 | 바랄 망 |

| 대 죽 | 잎 엽 | 집 옥 | 바깥 외 | 배 선 | 우두머리 장 | 가릴 선 | 날 출 |

| 공평할 공 | 보일 시 | 인도할 안 | 안 내 | 살 활 | 물고기 어 | 고기 잡을 어 | 사내 부 |

| 가운데 중 | 시대 엽 | 집 가 | 집 옥 |

예문으로 한자어 익히기 (한자로 쓰인 단어의 뜻을 써보세요.)

1. 독일 잠수함이 무장을 하지 않은 미국의 **商船**을 공격하였다.

2. 우리 배의 **船長**은 배를 탄 지가 30년 가까이 되는 전문가이다.

3. 이들은 일정한 기준에 의해 **選別**된 학생들이다.

4. 새 학기가 되어 각 반마다 반장 **選出**이 한창이다.

5. 이 글은 자유라는 주제가 **明示**되어 있다.

6. 낚시 금지라고 분명히 **公示**가 되어 있다.

7. 이 방법도 썩 좋지는 않으나 다른 **代案**이 없으니 어쩔 수 없다.

8. 시내까지 **案內**를 좀 부탁합니다.

9. **魚類**는 물속에 녹아 있는 산소로 호흡한다.

10. 우리 식당에서는 현지 직송한 **活魚**만 취급한다.

11. 이곳에서 조업하는 모든 **漁船**은 본국의 허가를 얻어야 한다.

12. 저만큼서 고깃배가 지나가며 **漁夫**가 손을 흔들었다.

13. 그는 맨주먹으로 **數億**을 벌어들였다.

14. 그들의 마음은 통일에 대한 **熱望**으로 가득 찼다.

15. **竹葉**은 성질이 차서 한방에서 해열제로 쓴다.

16. 15세기 **中葉**에 훈민정음이 반포되었다.

17. 황사가 심하니 **屋外** 활동을 삼가라.

18. 그 마을에는 아직도 전통 **家屋**이 여러 채 남아 있다.

61 完

宀 4획
완전할 완

집(宀)을 으뜸(元)으로 완전하게 여기니
宀(집 면) 元(으뜸 원)

丶 丷 宀 宁 宁 完

- 完成(완성) : 완전히 이룸
- 完全(완전) : 필요한 것이 모두 갖추어져 모자람이나 흠이 없음

62 曜

日 14획
빛날 요일 요

햇빛(日)을 받아 깃(羽)을 펄럭이며 나는 새(隹)가 빛나 보이니
日(해 일) 羽(깃 우) 隹(새 추)

丨 冂 日 日 日⁷ 日⁷ 日⁷⁷ 日⁷⁷ 曜 曜 曜 曜 曜 曜

- 曜曜(요요) : 빛나는 모양
- 曜日(요일) : 그 주의 하루

63 浴

氵 7획
목욕할 욕

물(氵)이 있는 골짜기(谷)에서 목욕하니
氵(물 수) 谷(골짜기 곡)

丶 丶 氵 氵 氵 沙 汐 浴 浴 浴

- 浴室(욕실) : 목욕하는 방
- 日光浴(일광욕) : 건강을 위하여 햇볕에 몸을 쬠

64 牛

牛 0획
소 우

사람(ㄥ)에게 많은(十) 이로움을 주는 소
ㄥ(사람 인) 十(많을 십)

丿 𠂉 二 牛

- 牛馬(우마) : 소와 말
- 韓牛(한우) : 우리나라 재래종의 소

자원으로 한자 알기

* 집(　)을 으뜸(元)으로 완전하게 여기니
* 햇빛(　)을 받아 깃(羽)을 펄럭이며 나는 새(隹)가 빛나 보이니
* 물(　)이 있는 골짜기(谷)에서 목욕하니
* 사람(ㄥ)에게 많은(十) 이로움을 주는 소

65 雄 — 수컷, 뛰어날 웅

ナ 4획

손(ナ)에 있는 내(厶) 새(隹)는 **수컷**이니
ナ(손 우) 厶(나 사) 隹(새 추)

一 ナ 左 ナ 広 広 広 な ゲ 雄 雄 雄

- 雄大(웅대) : 웅장하고 규모가 큼
- 英雄(영웅) : 지혜와 재능이 뛰어나 대업을 성취한 사람

66 院 — 집 원

阝 7획

언덕(阝)에 완전하게(完) 지은 **집**
阝(언덕 부) 完(완전할 완)

' 丆 阝 阝 阝 阝 阝 阝 院 院

- 開院(개원) : 학원, 병원 등을 처음으로 엶
- 醫院(의원) : 병자를 치료하기 위해 특별한 시설을 한 집

67 原 — 근원, 들판 원

厂 8획

바위(厂) 밑 희고(白) 깨끗한 **작은**(小) 샘이 물줄기의 **근원**이니
厂(바위 엄) 白(흰 백) 小(작을 소)

一 厂 厂 厂 厉 盾 盾 原 原 原

- 原理(원리) : 사물의 근본이 되는 법칙
- 草原(초원) : 풀이 나 있는 들판

68 願 — 원할 원

頁 10획

들판(原)에서 하늘에 제사지내며 **머리**(頁)를 숙이고 **원하니**
原(들판 원) 頁(머리 혈)

一 厂 厂 厂 厉 盾 盾 原 原 原 原 願 願 願 願 願

- 願望(원망) : 원하고 바람
- 願書(원서) : 지원하거나 청원하는 내용을 적은 서류

자원으로 한자 알기

* 손(ナ)에 있는 내(厶) 새(   )는 **수컷**이니
* 언덕(   )에 완전하게(完) 지은 **집**
* 바위(   ) 밑 희고(白) 깨끗한 **작은**(小) 샘이 물줄기의 **근원**이니
* 들판(原)에서 하늘에 제사지내며 **머리**(   )를 숙이고 **원하니**

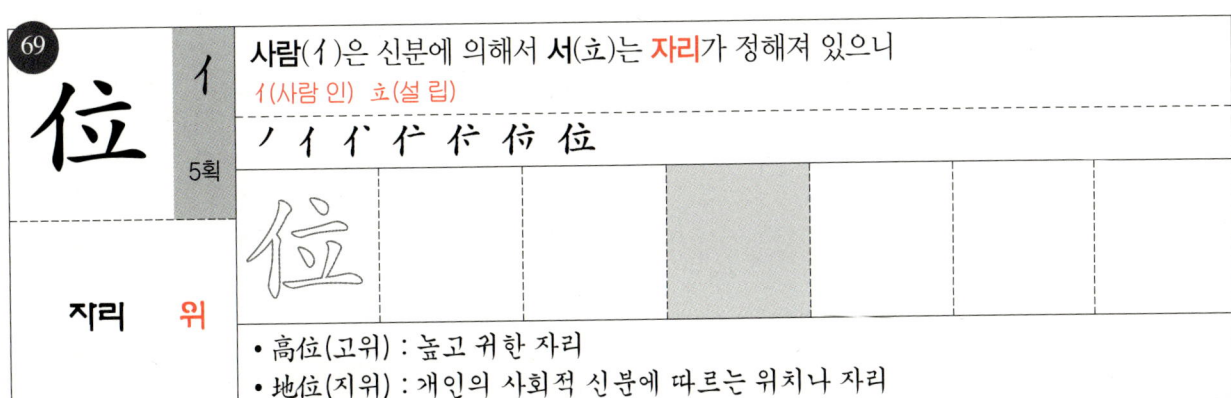

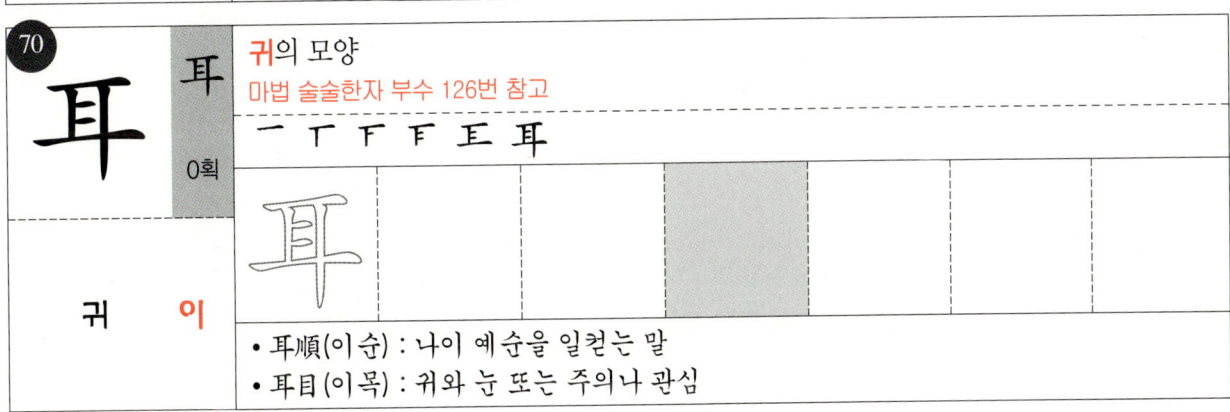

자원으로 한자 알기

* 사람(　　)은 신분에 의해서 서(立)는 자리가 정해져 있으니 ☞
* 귀의 모양 ☞

一思多得

亻	+	ノ 士	=	任(맡길 임)	사람(亻)들이 삐뚤어진(ノ) 일을 선비(士)에게 부탁하고 맡기니
亻	+	立	=	位(자리 위)	사람(亻)은 신분에 의해서 서(立)는 자리가 정해져 있으니

是	+		=	題(문제 제)	옳게(是) 머리(頁)를 써야 풀리는 문제
豆	+		=	頭(머리 두)	콩(豆)처럼 둥글둥글한 머리(頁)
川	+	頁	=	順(순할 순)	냇물(川)이 흐르듯 거스르지 않고 우두머리(頁)의 명령을 순하게 따르니
令	+		=	領(거느릴 령)	명령(令)하여 우두머리(頁)가 부하를 거느리니
原	+		=	願(원할 원)	들판(原)에서 하늘에 제사지내며 머리(頁)를 숙이고 원하니

 다음 한자를 나누고 **자원**을 쓰면서 익히세요.

完 완전할 완 = ☐ + ☐

曜 빛날 요 = ☐ + ☐ + ☐

浴 목욕할 욕 = ☐ + ☐

牛 소 우 = ☐ + ☐

雄 수컷 웅 = ☐ + ☐ + ☐

院 집 원 = ☐ + ☐

原 근원 원 = ☐ + ☐ + ☐

願 원할 원 = ☐ + ☐

位 자리 위 = ☐ + ☐

耳 귀 이 =

다음 한자어의 **독음**을 쓰세요.

完成	完全	曜曜	曜日
浴室	牛馬	韓牛	雄大
英雄	開院	醫院	原理
草原	願望	願書	高位
地位	耳順	耳目	

다음 한자어를 **한자**로 쓰세요.

완전할 완 / 이룰 성	빛날 요 / 빛날 요	목욕할 욕 / 방 실	소 우 / 말 마
웅장할 웅 / 큰 대	열 개 / 집 원	근원 원 / 이치 리	원할 원 / 바랄 망
높을 고 / 자리 위	귀 이 / 순할 순	완전할 완 / 온전할 전	요일 요 / 날 일
한국 한 / 소 우	뛰어날 영 / 뛰어날 웅	의원 의 / 집 원	풀 초 / 들판 원
원할 원 / 글 서	지위 지 / 자리 위	귀 이 / 눈 목	

예문으로 한자어 익히기 (한자로 쓰인 단어의 뜻을 써보세요.)

1. 결혼은 사랑의 **完成**이다.

2. 금융 시장의 **完全** 개방을 요구하다.

3. 별빛이 **曜曜**한 밤 풍경이 아름다웠다.

4. 봉사자들은 각 **曜日**마다 돌아가며 전화 상담을 맡고 있다.

5. **浴室**에 들어가 샤워를 하다.

6. 퇴직 후에는 농장에서 **牛馬**를 키울 생각이다.

7. 수입 쇠고기가 **韓牛**보다 싸다.

8. 그 성당은 규모가 **雄大**하고 장엄하였다.

9. 이순신 장군은 민족적 **英雄**이다.

10. 우리 병원이 **開院** 10주년을 맞이했다.

11. 동네 **醫院** 용한 줄 모른다.

12. 에디슨은 전기의 **原理**를 발견하여 실생활에 이용했다.

13. 끝없이 펼쳐진 **草原**을 달렸다.

14. 시험에 합격하기를 **願望**하다.

15. 입사 **願書**를 접수 기간 내에 제출했다.

16. 아버지는 **高位** 공직자로 재직하다 퇴직하셨다.

17. 사람은 모름지기 **地位**가 높아질수록 스스로 겸손해야 한다.

18. 어머니 연세가 **耳順**에 이르렀다.

19. 올림픽 개막식이 시작되자 전 세계의 **耳目**이 쏠렸다.

71 因 / 口 / 3획 / 의지할 인

울타리(口)가 크고(大) 튼튼해야 **의지하고** 사니
口(에울 위) 大(큰 대)

丨 冂 冂 冈 闵 因

- 因果(인과) : 원인과 결과
- 原因(원인) : 어떤 일의 근본이 되는 까닭

72 再 / 冂 / 4획 / 두 다시 재

무너진 하나(一)의 성(冂)을 땅(土)에 **두 번이나 다시** 쌓으니
一(한 일) 冂(성 경) 土(땅 토)

一 冂 冂 百 再 再

- 再考(재고) : 다시 생각함
- 再建(재건) : 무너진 것을 다시 건설함

73 災 / 火 / 3획 / 재앙 재

냇물(巛)과 불(火)로 일어나는 **재앙**
巛(내 천) 火(불 화) *물이 불어나고 불이 나서 재앙이 생기지요?

丶 巛 巛 巛 災 災

- 火災(화재) : 불로 인한 재앙
- 水災(수재) : 장마나 홍수로 인한 재앙

74 爭 / 爫 / 4획 / 다툴 쟁

손톱(爫)으로 할퀴고 손(彐)에 갈고리(亅)를 들고 **다투니**
爫(손톱 조) 彐(손 우) 亅(갈고리 궐)

丿 丶 丶 爫 爫 爭 爭

- 言爭(언쟁) : 말다툼
- 戰爭(전쟁) : 국가와 국가 또는 교전 단체 사이에 무력을 사용하여 싸움

자원으로 한자 알기

* 울타리(　)가 크고(大) 튼튼해야 **의지하고** 사니
* 무너진 하나(一)의 성(　)을 땅(土)에 **두 번이나 다시** 쌓으니
* 냇물(巛)과 불(　)로 일어나는 **재앙**
* 손톱(　)으로 할퀴고 손(彐)에 갈고리(亅)를 들고 **다투니**

75 貯 (5획) — 쌓을 **저**

돈(貝)을 집(宀)에 고무래(丁)로 긁어모으듯 모아 **쌓아두니**
貝(돈 패) 宀(집 면) 丁(장정 정, 고무래 정) *고무래 : 곡식을 모으는 기구

丨 冂 冃 目 目 貝 貝 貯 貯 貯 貯

- 貯金(저금) : 돈을 모아 둠
- 貯水(저수) : 물을 모아 둠

76 赤 (0획) — 붉을 **적**

흙(土)이 불(火)처럼 **붉으니**
土(흙 토) 火(불 화)

一 十 土 亍 赤 赤 赤

- 赤旗(적기) : 붉은 기
- 赤信號(적신호) : 위험신호

77 停 (9획) — 머무를 **정**

사람(亻)들이 정자(亭)에 **머무르니**
亻(사람 인) 亠(높을 고) 丁(장정 정) *사람들이 정자에서 잠시 머무르며 쉰다는 뜻입니다.

丿 亻 亻 亻 广 广 停 停 停 停 停

* 亭(정자 정) : 높은(高) 곳에 장정(丁)처럼 굳세게 지은 정자
- 停車(정차) : 차가 정지하는 것

78 操 (13획) — 잡을 다룰 **조**

손(扌)으로 물건(品)을 만들기 위해 나무(木)를 **잡아 다루니**
扌(손 수) 品(물건 품) 木(나무 목)

一 十 扌 扌 扩 护 护 护 护 操 操 操 操 操

- 操業(조업) : 작업을 실시함
- 操心(조심) : 실수가 없도록 마음을 삼가서 경계함

자원으로 한자 알기

* 돈(   )을 집(宀)에 고무래(丁)로 긁어모으듯 모아 **쌓아두니**
* 흙(土)이 불(火)처럼 **붉으니**
* 사람(   )들이 정자(亭)에 **머무르니**
* 손(   )으로 물건(品)을 만들기 위해 나무(木)를 **잡아 다루니**

79

終 糸 5획

마칠 종

실(糸) 짜는 일을 **겨울**(冬)에 **마치니**
糸(실 사) 冬(겨울 동) *시골에서는 추수가 끝난 겨울에 부업으로 실을 내려 베를 짰지요

` ノ ⺯ ⺰ 幺 糸 糸 糸' 紅 終 終 終 `

- 終結(종결) : 완전히 끝남
- 有終(유종) : 끝을 완전히 맺음

80

罪 罒 8획

허물 죄

법망(罒)에 걸린 **옳지 아니한**(非) **죄**
罒(법망 망) 非(아닐 비)

` 丨 冂 冂 冂 罒 罒 罪 罪 罪 罪 罪 罪 `

- 罪人(죄인) : 죄를 지은 사람
- 罪惡(죄악) : 죄가 될 만한 악행

자원으로 한자 알기

* 실(   ) 짜는 일을 **겨울**(冬)에 **마치니**
* 법망(   )에 걸린 옳지 **아니한**(非) 죄

一思多得

口	+	古	=	固(굳을 고)	울타리(口)를 치고 **오랫동안**(古) **굳게** 지키니
	+	大	=	因(의지할 인)	울타리(口)가 **크고**(大) 튼튼해야 **의지하고** 사니

亻	+	意	=	億(억 억)	**사람**(亻)의 **뜻**(意)은 **억** 수로 많으니
	+	亭	=	停(머무를 정)	**사람**(亻)들이 **정자**(亭)에 **머무르니**

糸	+	合	=	給(줄 급)	실(糸)을 **합하여**(合) 넉넉하게 **주니**
	+	冬	=	終(마칠 종)	실(糸) 짜는 일을 **겨울**(冬)에 **마치니**

다음 한자를 나누고 **자원**을 쓰면서 익히세요.

한자			
因 (의지할 인)	=	+	
再 (두 재)	=	+	+
災 (재앙 재)	=	+	
爭 (다툴 쟁)	=	+	+
貯 (쌓을 저)	=	+	+
赤 (붉을 적)	=	+	
停 (머무를 정)	=	+	
操 (잡을 조)	=	+	+
終 (마칠 종)	=	+	
罪 (허물 죄)	=	+	

다음 한자어의 **독음**을 쓰세요.

因果	原因	再考	再建
火災	水災	言爭	戰爭
貯金	貯水	赤旗	停車
操業	操心	終結	有終
罪人	罪惡		

 다음 한자어를 **한자**로 쓰세요.

원인 인	결과 과	다시 재	생각할 고	불 화	재앙 재	말씀 언	다툴 쟁
쌓을 저	돈 금	붉을 적	기 기	머무를 정	차 차	잡을 조	일 업
마칠 종	맺을 결	허물 죄	사람 인	근원 원	까닭 인	다시 재	세울 건
물 수	재앙 재	싸움 전	다툴 쟁	쌓을 저	물 수	잡을 조	마음 심
있을 유	끝 종	허물 죄	악할 악				

예문으로 한자어 익히기 (한자로 쓰인 단어의 뜻을 써보세요.)

1. '아니 땐 굴뚝에 연기 날까' 라는 속담은 **因果**관계를 비유한 표현이다.

2. 사고의 **原因**을 조사하다.

3. 워낙 중대 사안인지라 계획의 실행 여부를 **再考**하였다.

4. 전쟁이 끝난 뒤에 도시의 **再建**이 이루어졌다.

5. 가을은 **火災** 예방을 위한 집중 단속 기간이다.

6. 지난여름 장마에 **水災**를 당했다.

7. **言爭**을 벌이다.

8. 정부는 범죄와의 **戰爭**을 선포했다.

9. 월급의 30%를 **貯金**하고 있다.

10. 댐에 **貯水**된 물을 농업용수로 쓰다.

11. **赤旗**를 꽂아 위험신호를 보냈다.

12. 교통순경이 **停車** 위반 택시 운전기사에게 딱지를 떼었다.

13. 오염 해역에서는 모든 어선들의 **操業**을 금지하고 있다.

14. 누구 하나 기침 한 번 크게 하는 사람 없고, 모두 **操心**을 하느라 죽은 듯 조용하다.

15. 사건의 수사가 **終結** 단계에 이르렀다.

16. 이번 회의에서는 시종일관 **有終**의 미를 다합시다.

17. **罪人**의 얼굴을 보려고 이웃 마을에서까지 사람들이 모여들었다.

18. 한편에선 난민들이 굶주림으로 죽어 가는데, 음식을 버리는 것은 무서운 **罪惡**이다.

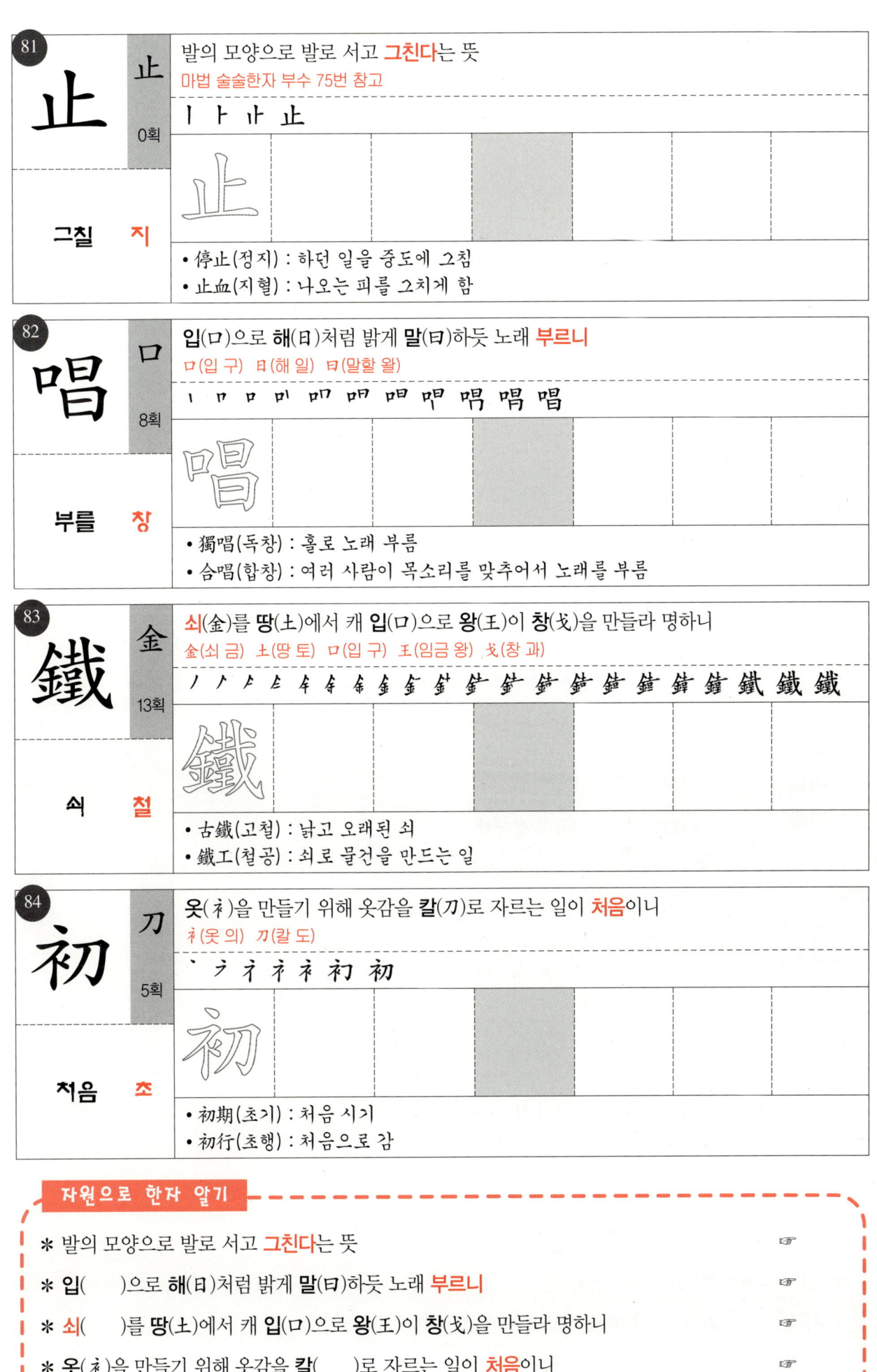

자원으로 한자 알기

* 발의 모양으로 발로 서고 **그친다**는 뜻

* **입**(　)으로 **해**(日)처럼 밝게 **말**(曰)하듯 노래 **부르니**

* **쇠**(　)를 땅(土)에서 캐 **입**(口)으로 **왕**(王)이 **창**(戈)을 만들라 명하니

* **옷**(衤)을 만들기 위해 옷감을 **칼**(　)로 자르는 일이 **처음**이니

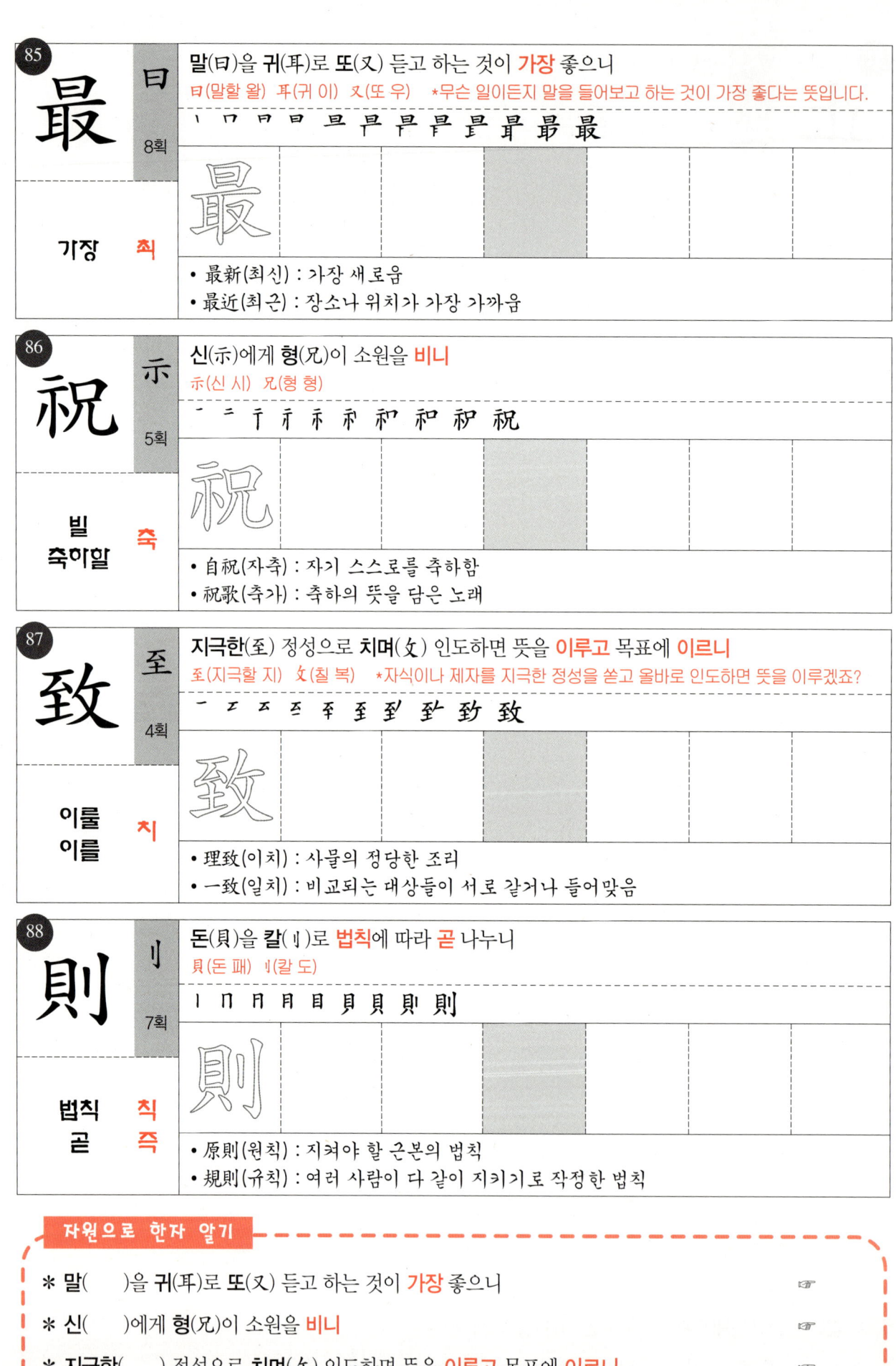

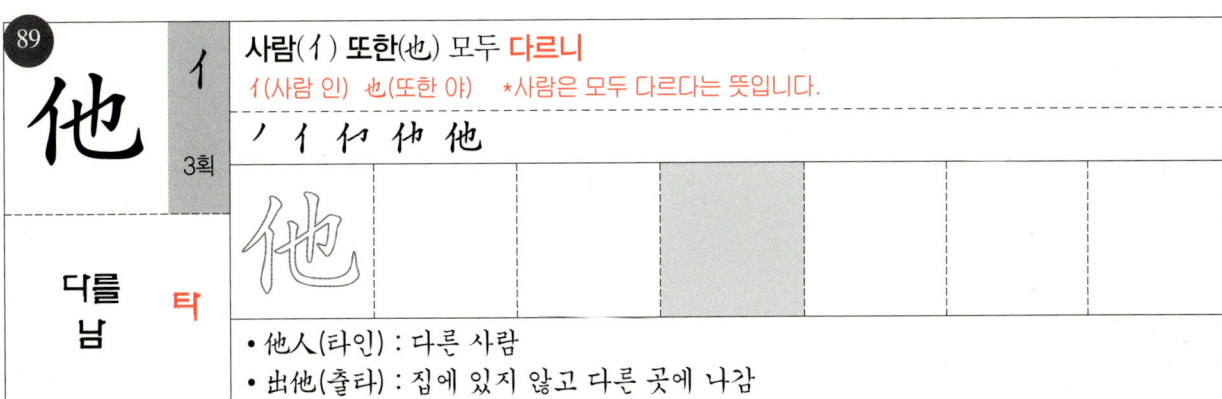

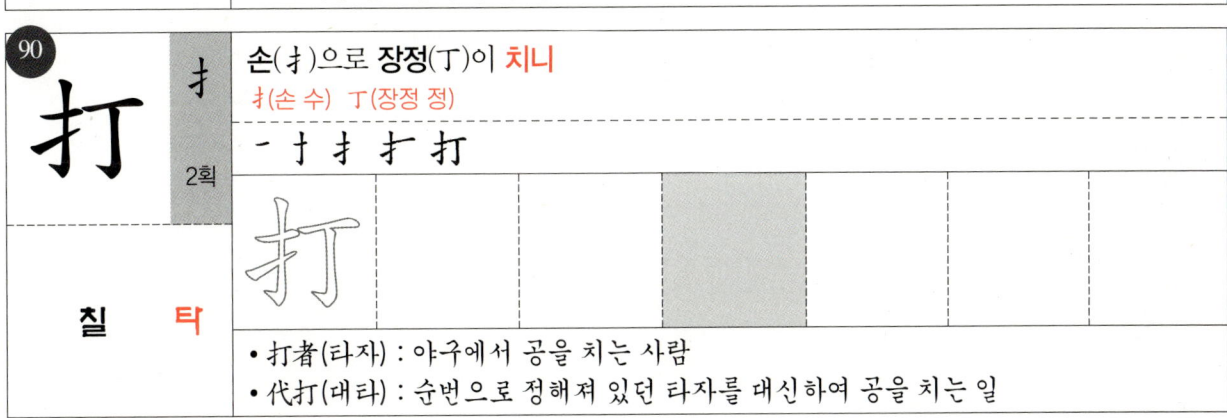

자원으로 한자 알기

* 사람(　) 또한(也) 모두 **다르니** ☞
* 손(　)으로 장정(丁)이 **치니** ☞

一思多得

示	+	申	=	神(귀신 신)	신(示)처럼 모습을 **펼쳐**(申) 보이는 **귀신**
	+	兄	=	祝(빌 축)	신(示)에게 **형**(兄)이 소원을 **비니**

至	+	刂	=	到(이를 도)	하나(一)같이 **사사로이**(厶) 땅(土)에 **칼**(刂)을 들고 **이르니**
	+	夂	=	致(이를 치)	지극한(至) 정성으로 **치며**(夂) 인도하면 뜻을 **이루고** 목표에 **이르니**

土	+	也	=	地(땅 지)	흙(土) 또한(也) **땅**이니
亻	+	也	=	他(다를 타)	사람(亻) 또한(也) 모두 **다르니**

扌	+	支	=	技(재주 기)	손(扌)으로 일정하게 **가르는**(支) **재주**
	+	丁	=	打(칠 타)	손(扌)으로 장정(丁)이 **치니**

다음 한자를 나누고 **자원**을 쓰면서 익히세요.

다음 한자어의 **독음**을 쓰세요.

停 止	止 血	獨 唱	合 唱
古 鐵	鐵 工	初 期	初 行
最 新	最 近	自 祝	祝 歌
理 致	一 致	原 則	規 則
他 人	出 他	打 者	代 打

 다음 한자어를 **한자**로 쓰세요.

머무를 정 그칠 지	홀로 독 부를 창	오랠 고 쇠 철	처음 초 때 기
가장 최 새 신	스스로 자 축하할 축	이치 리 이룰 치	근원 원 법칙 칙
다를 타 사람 인	칠 타 사람 자	그칠 지 피 혈	합할 합 부를 창
쇠 철 만들 공	처음 초 다닐 행	가장 최 가까울 근	축하할 축 노래 가
한 일 이룰 치	법 규 법칙 칙	나갈 출 다를 타	대신할 대 칠 타

149

예문으로 한자어 익히기 (한자로 쓰인 단어의 뜻을 써보세요.)

1. 그 음식점은 세금을 제대로 내지 않았다는 이유로 한 달간 영업 **停止** 처분을 받았다.

2. **止血**을 위해 상처 부위를 붕대로 묶었다.

3. 처음 배우는 아이들을 위해 그녀가 먼저 **獨唱**을 들려주었다.

4. 그러자 하나둘 그 노래를 따라 **合唱**을 하기 시작했다.

5. **古鐵**을 모아서 재활용하다.

6. **鐵工** 일에 대한 경험이 없으면 못한다.

7. 암 같은 병도 **初期**에 발견하면 완치가 가능하다.

8. 그 낯선 도시에 그는 **初行**이어서 조금은 긴장되었다.

9. 우리는 모든 **最新** 제품을 다 구비하고 있습니다.

10. **最近** 환경운동에 대한 관심이 부쩍 늘어나고 있다.

11. 자기의 생일을 **自祝**하다.

12. 결혼 **祝歌**를 부르다.

13. 죄를 지으면 벌을 받는 것은 당연한 **理致**이다.

14. 그들의 의견은 **一致**했다.

15. 결의한 사항에 대해 절대로 발설해선 안 된다는 것이 조직의 **原則**이었다.

16. 경기 **規則**을 지켜 정정당당한 게임을 해야 한다.

17. **他人**의 눈길이 여전히 어색하고 뻣뻣하게 느껴졌다.

18. 그는 **出他**를 삼가고 칩거 생활을 오래 했다.

19. **打者**가 타석에 들어서자 환호성이 쏟아졌다.

20. 주전 선수가 부상을 당하자 감독은 **代打**를 내보냈다.

91 **卓** 높을 탁자 **탁**	十 6획	점치듯(卜) 말(曰)하며 열(十) 명이 높은 탁자에서 의논하니 卜(점칠 복) 曰(말할 왈) 十(열 십) 丨 ㅏ ㅑ 占 卓 卓 卓 • 卓見(탁견) : 뛰어난 의견 • 卓子(탁자) : 책상처럼 만들어 물건을 올려놓을 수 있도록 한 상
92 **炭** 숯 **탄**	火 5획	산(山)속 바위(厂) 밑에서 불(火)타고 남은 숯 山(산 산) 厂(바위 엄) 火(불 화) 丨 ㅛ 山 屵 岸 岸 炭 炭 炭 • 木炭(목탄) : 숯 • 石炭(석탄) : 식물질이 땅속에 묻혀 쌓여 탄화된 고체 연료
93 **板** 널조각 **판**	木 4획	나무(木)를 바위(厂) 밑에서 또(又) 조각내니 木(나무 목) 厂(바위 엄) 又(또 우) 一 十 才 木 朽 板 板 板 板 • 板子(판자) : 나무로 된 널조각 • 板書(판서) : 칠판에 분필로 글씨를 씀
94 **敗** 패할 **패**	攵 7획	조개(貝)를 치면(攵) 산산이 깨지듯 적에게 패하니 貝(조개 패) 攵(칠 복) 丨 冂 冂 目 目 貝 貝 財 敗 敗 敗 • 敗走(패주) : 패하여 달아남 • 失敗(실패) : 일을 잘못하여 그르침

자원으로 한자 알기

* 점치듯(卜) 말(曰)하며 열( ) 명이 높은 탁자에서 의논하니
* 산(山)속 바위(厂) 밑에서 불( )타고 남은 숯
* 나무( )를 바위(厂) 밑에서 또(又) 조각내니
* 조개(貝)를 치면( ) 산산이 깨지듯 적에게 패하니

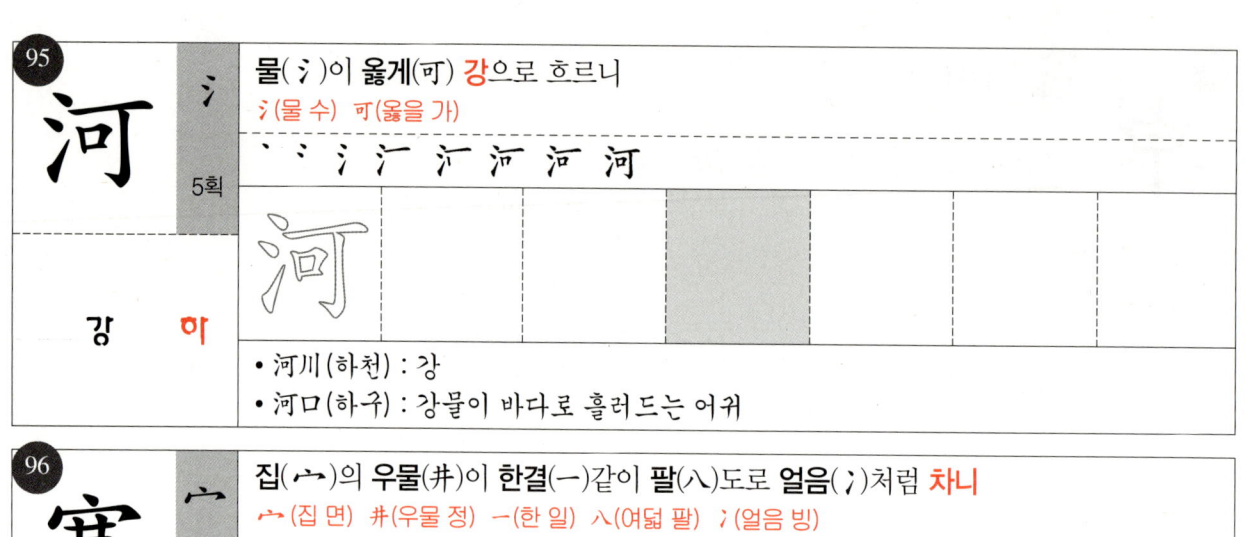

95 河 (氵, 5획) 강 하

물(氵)이 옳게(可) 강으로 흐르니
氵(물 수) 可(옳을 가)

- 河川(하천) : 강
- 河口(하구) : 강물이 바다로 흘러드는 어귀

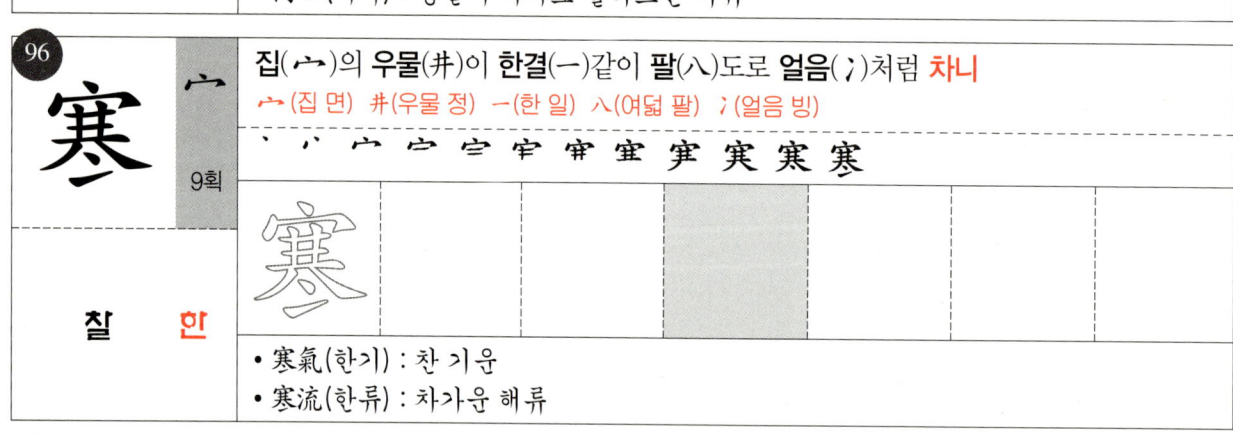

96 寒 (宀, 9획) 찰 한

집(宀)의 우물(井)이 한결(一)같이 팔(八)도로 얼음(冫)처럼 차니
宀(집 면) 井(우물 정) 一(한 일) 八(여덟 팔) 冫(얼음 빙)

- 寒氣(한기) : 찬 기운
- 寒流(한류) : 차가운 해류

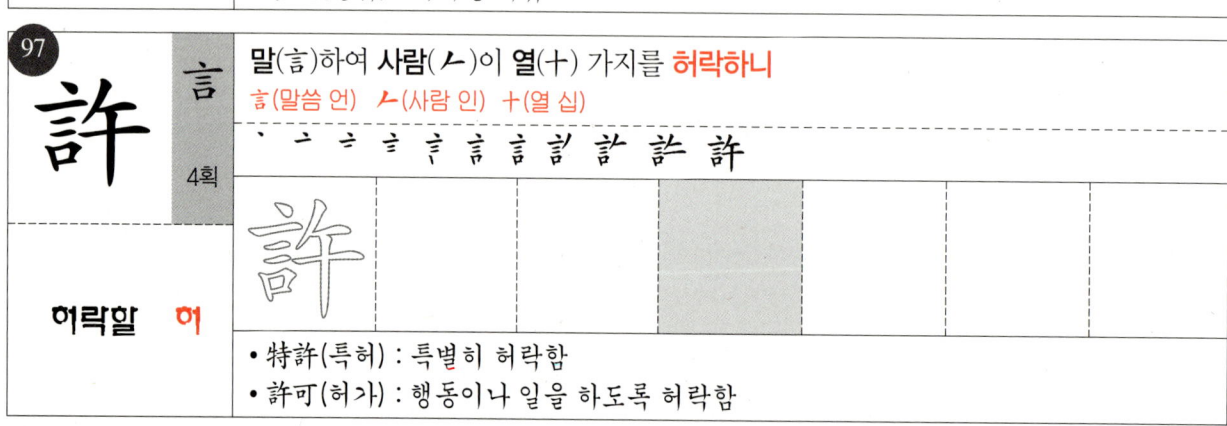

97 許 (言, 4획) 허락할 허

말(言)하여 사람(ㅗ)이 열(十) 가지를 허락하니
言(말씀 언) ㅗ(사람 인) 十(열 십)

- 特許(특허) : 특별히 허락함
- 許可(허가) : 행동이나 일을 하도록 허락함

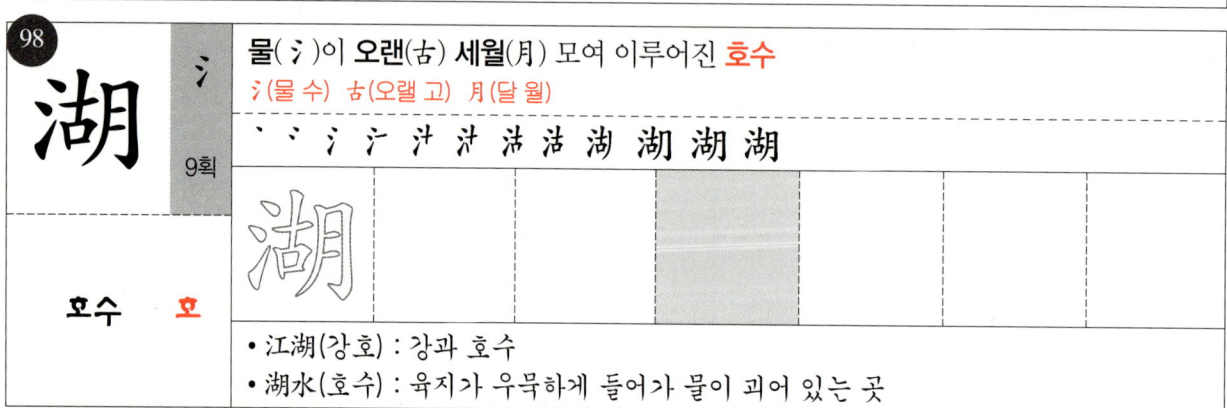

98 湖 (氵, 9획) 호수 호

물(氵)이 오랜(古) 세월(月) 모여 이루어진 호수
氵(물 수) 古(오랠 고) 月(달 월)

- 江湖(강호) : 강과 호수
- 湖水(호수) : 육지가 우묵하게 들어가 물이 괴어 있는 곳

자원으로 한자 알기

* 물(　)이 옳게(可) 강으로 흐르니 ☞
* 집(　)의 우물(井)이 한결(一)같이 팔(八)도로 얼음(冫)처럼 차니 ☞
* 말(　)하여 사람(ㅗ)이 열(十) 가지를 허락하니 ☞
* 물(　)이 오랜(古) 세월(月) 모여 이루어진 호수 ☞

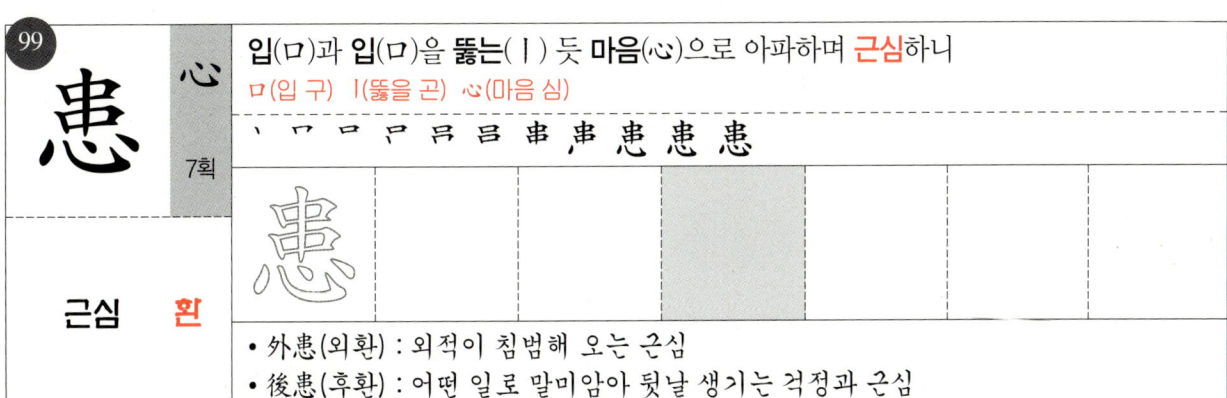

99 患 — 근심 환 (心, 7획)

입(口)과 입(口)을 뚫는(丨) 듯 마음(心)으로 아파하며 **근심**하니
口(입 구) 丨(뚫을 곤) 心(마음 심)

丶 口 口 口 吕 吕 串 串 患 患 患

- 外患(외환) : 외적이 침범해 오는 근심
- 後患(후환) : 어떤 일로 말미암아 뒷날 생기는 걱정과 근심

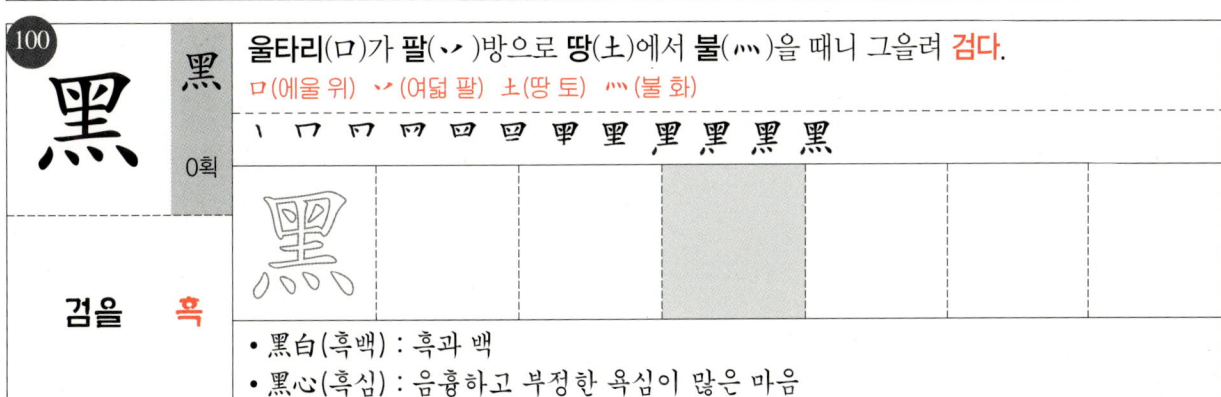

100 黑 — 검을 흑 (黑, 0획)

울타리(口)가 팔(丷)방으로 땅(土)에서 불(灬)을 때니 그을려 **검다**.
口(에울 위) 丷(여덟 팔) 土(땅 토) 灬(불 화)

丨 口 口 四 四 甲 里 里 黑 黑 黑

- 黑白(흑백) : 흑과 백
- 黑心(흑심) : 음흉하고 부정한 욕심이 많은 마음

자원으로 한자 알기

* 입(口)과 입(口)을 뚫는(丨) 듯 마음(　)으로 아파하며 **근심**하니 ☞
* 울타리(口)가 팔(丷)방으로 땅(土)에서 불(灬)을 때니 그을려 **검다**. ☞

一思多得

苟	+		= 敬(공경 경)	진실하게(苟) 살라고 치며(攵) 깨우치는 사람을 **공경**하니
交	+		= 效(본받을 효)	사귐(交)이 좋지 않아 치며(攵) 좋은 것을 **본받도록** 하니
己	+	攵	= 改(고칠 개)	몸(己)을 쳐(攵) 잘못을 **고치니**
求	+		= 救(구원할 구)	구하려고(求) 적을 쳐(攵) **구원하니**
至	+		= 致(이를 치)	지극한(至) 정성으로 치며(攵) 인도하면 뜻을 **이루고** 목표에 **이르니**
貝	+		= 敗(패할 패)	조개(貝)를 치면(攵) 산산이 깨지듯 적에게 **패하니**

貝	+	刂	= 則(법칙 칙)	돈(貝)을 칼(刂)로 법칙에 따라 **곧** 나누니
	+	攵	= 敗(패할 패)	조개(貝)를 치면(攵) 산산이 깨지듯 적에게 **패하니**

다음 한자를 나누고 **자원**을 쓰면서 익히세요.

한자					
卓 (높을 탁)	=		+		+	
炭 (숯 탄)	=		+		+	
板 (널조각 판)	=		+		+	
敗 (패할 패)	=		+		
河 (강 하)	=		+		
寒 (찰 한)	=		+		+		+		+	
許 (허락할 허)	=		+		+	
湖 (호수 호)	=		+		+	
患 (근심 환)	=		+		+		+	
黑 (검을 흑)	=		+		+		+	

154

🐾 다음 한자어의 **독음**을 쓰세요.

卓見	卓子	木炭	石炭
板子	板書	敗走	失敗
河川	河口	寒氣	寒流
特許	許可	江湖	湖水
外患	後患	黑白	黑心

 다음 한자어를 **한자**로 쓰세요.

높을 탁	견해 견	나무 목	숯 탄	널조각 판	접미사 자	패할 패	달아날 주
강 하	내 천	찰 한	기운 기	특별할 특	허락할 허	강 강	호수 호
바깥 외	근심 환	검을 흑	흰 백	탁자 탁	접미사 자	돌 석	숯 탄
널조각 판	쓸 서	잘못할 실	실패할 패	강 하	어귀 구	찰 한	흐를 류
허락할 허	허가할 가	호수 호	물 수	뒤 후	근심 환	검을 흑	마음 심

예문으로 한자어 익히기 (한자로 쓰인 단어의 뜻을 써보세요.)

1. 그는 환경 문제에 대해 **卓見**을 가지고 있다.

2. 거실에는 **卓子** 하나와 의자 두 개가 놓여 있었다.

3. **木炭**은 땔감으로 쓰기 위해 나무를 가마 속에 넣어서 구워 낸다.

4. **石炭**은 대표적인 화석연료이다.

5. 탁자 사이에 **板子**를 걸치다.

6. 그 강의는 주로 선생님의 **板書**와 설명으로 진행되었다.

7. 아군은 이제 **敗走**를 거듭해 낙동강 선에 간신히 멈춰 서 있었다.

8. 그는 **失敗**로 인한 좌절과 수치감에 괴로워한다.

9. 우리 마을에 있는 **河川**은 한때 맑은 물이 흘렀으나 지금은 심하게 오염되었다.

10. 강과 바다가 마주치는 넓은 **河口**에는 수많은 물새 떼들이 하늘을 뒤덮고 떠오르고 있었다.

11. 오랫동안 불을 안 넣은 방이라 방 안에 들어서자 **寒氣**가 느껴졌다.

12. 삼면이 바다인 한반도는 동해에서 난류와 **寒流**가 교차하여 좋은 어장을 이룬다.

13. 새로운 소재를 개발해 **特許**를 따 냈다.

14. 감독의 **許可** 없이는 취재를 할 수 없다.

15. 속세에서 벗어나 **江湖**에 묻혀 살고 싶다.

16. 조그만 산에 안긴 바다는 **湖水**처럼 고요하였다.

17. 인접해 있는 여러 오랑캐 때문에 **外患**이 끊이지 않았다.

18. 선행을 하여 **後患**을 없앤다.

19. **黑白**의 조화를 이루다.

20. **黑心**을 품다.

자원으로 한자 알기.

51. 배(   ) 안의 사무를 책상(几)에서 처리하고 입(口)으로 통솔하는 큰 배

52. 뱀(巳)과 뱀(巳)처럼 구부리고 함께(共) 뛰어(   )가 좋은 것을 가려 뽑으니

53. 하늘땅(二)의 작은(小) 일도 살펴 길흉을 보이는 신

54. 편안히(安) 책을 볼 수 있도록 나무(   )로 만든 책상에서 생각하니

55. 싸(夕) 밭(田)에서 불(灬)에 구워 먹는 물고기의 모양

56. 물(   )에 들어가 물고기(魚)를 잡으니

57. 사람(   )의 뜻(意)은 억 수로 많으니

58. 언덕(초)에 둥글게(丸) 모여 앉아 불(   )을 때니 덥다.

59. 풀(   )처럼 세상(世)의 모든 나무(木)에 열리는 잎

60. 지붕(   ) 밑에 이르러(至) 쉬는 집

61. 집(   )을 으뜸(元)으로 완전하게 여기니

62. 햇빛(   )을 받아 깃(羽)을 펄럭이며 나는 새(隹)가 빛나 보이니

63. 물(   )이 있는 골짜기(谷)에서 목욕하니

64. 사람(ㄴ)에게 많은(十) 이로움을 주는 소

65. 손(ナ)에 있는 내(厶) 새(   )는 수컷이니

66. 언덕(   )에 완전하게(完) 지은 집

67. 바위(   ) 밑 희고(白) 깨끗한 작은(小) 샘이 물줄기의 근원이니

68. 들판(原)에서 하늘에 제사지내며 머리(   )를 숙이고 원하니

69. 사람(   )은 신분에 의해서 서(立)는 자리가 정해져 있으니

70. 귀의 모양

71. 울타리(   )가 크고(大) 튼튼해야 의지하고 사니

72. 무너진 하나(一)의 성(   )을 땅(土)에 두 번이나 다시 쌓으니

73. 냇물(巛)과 불(   )로 일어나는 재앙

74. 손톱(   )으로 할퀴고 손(ヨ)에 갈고리(亅)를 들고 다투니

75. 돈(   )을 집(宀)에 고무래(丁)로 긁어모으듯 모아 쌓아두니

 **자원**으로 한자 알기.

76. **흙**(土)이 **불**(火)처럼 **붉으니**
77. **사람**(　)들이 **정자**(亭)에 **머무르니**
78. **손**(　)으로 **물건**(品)을 만들기 위해 **나무**(木)를 **잡아 다루니**
79. **실**(　) 짜는 일을 **겨울**(冬)에 **마치니**
80. **법망**(　)에 걸린 옳지 **아니한**(非) **죄**
81. 발의 모양으로 발로 서고 **그친다**는 뜻
82. **입**(　)으로 **해**(日)처럼 밝게 **말**(日)하듯 노래 **부르니**
83. **쇠**(　)를 **땅**(土)에서 캐 **입**(口)으로 **왕**(王)이 **창**(戈)을 만들라 명하니
84. **옷**(衤)을 만들기 위해 옷감을 **칼**(　)로 자르는 일이 **처음**이니
85. **말**(　)을 **귀**(耳)로 **또**(又) 듣고 하는 것이 **가장** 좋으니
86. **신**(　)에게 **형**(兄)이 소원을 **비니**
87. **지극한**(　) 정성으로 **치며**(夂) 인도하면 뜻을 **이루고** 목표에 **이르니**
88. **돈**(貝)을 **칼**(　)로 **법칙**에 따라 **곧** 나누니
89. **사람**(　) **또한**(也) 모두 **다르니**
90. **손**(　)으로 **장정**(丁)이 **치니**
91. **점치듯**(卜) **말**(曰)하며 **열**(　) 명이 **높은 탁자**에서 의논하니
92. **산**(山)속 **바위**(厂) 밑에서 **불**(　) 타고 남은 **숯**
93. **나무**(　)를 **바위**(厂) 밑에서 **또**(又) **조각**내니
94. **조개**(貝)를 **치면**(　) 산산이 깨지듯 적에게 **패하니**
95. **물**(　)이 옳게(可) **강**으로 흐르니
96. **집**(　)의 **우물**(井)이 **한결**(一)같이 **팔**(八)도로 **얼음**(冫)처럼 **차니**
97. **말**(　)하여 **사람**(亠)이 **열**(十) 가지를 **허락하니**
98. **물**(　)이 **오랜**(古) **세월**(月) 모여 이루어진 **호수**
99. **입**(口)과 **입**(口)을 뚫는(丨) 듯 **마음**(　)으로 아파하며 **근심**하니
100. **울타리**(口)가 **팔**(ᄽ)방으로 **땅**(土)에서 **불**(灬)을 때니 그을려 **검다**.

다음 한자의 **뜻**과 **음**을 쓰세요.

船	選	示	案	魚	漁	億
熱	葉	屋	完	曜	浴	牛
雄	院	原		願	位	耳
因	再				災	爭
貯						赤
停	操				終	罪
止	唱	鐵		初	最	祝
致	則	他	打	卓	炭	板
敗	河	寒	許	湖	患	黑

5급 51-100번
형성평가

159

다음 뜻과 음을 지닌 **한자**를 쓰세요.

배 선	가릴 선	보일 시	책상 안	물고기 어	고기 잡을 어	억 억
더울 열	잎 엽	집 옥	완전할 완	빛날 요	목욕할 욕	소 우
수컷 웅	집 원	근원 원		원할 원	자리 위	귀 이
의지할 인	두 재				재앙 재	다툴 쟁
쌓을 저						붉을 적
머무를 정	잡을 조				마칠 종	허물 죄
그칠 지	부를 창	쇠 철		처음 초	가장 최	빌 축
이를 치	법칙 칙	다를 타	칠 타	높을 탁	숯 탄	널조각 판
패할 패	강 하	찰 한	허락할 허	호수 호	근심 환	검을 흑

5급 51-100번 형성평가

종합평가

다음 한자의 뜻과 음을 쓰세요.

價	客	格	見	決	結	敬
告	課	過	觀	關	廣	具
舊	局	基		己	念	能
團	當				德	到
獨						朗
良	旅				歷	練
勞	流	類		陸	望	法
變	兵	福	奉	士	仕	史
産	商	相	仙	鮮	說	性

5Ⅱ 1~50번
형성평가

다음 뜻과 음을 지닌 **한자**를 쓰세요.

값 가	손 객	격식 격	볼 견	결단할 결	맺을 결	공경 경
고할 고	공부할 과	지날 과	볼 관	관계할 관	넓을 광	갖출 구
예 구	판 국	터 기		몸 기	생각 념	능할 능
둥글 단	마땅 당			덕 덕	이를 도	
홀로 독						밝을 랑
어질 량	나그네 려			지낼 력	익힐 련	
일할 로	흐를 류	무리 류		뭍 륙	바랄 망	법 법
변할 변	병사 병	복 복	받들 봉	선비 사	섬길 사	역사 사
낳을 산	장사 상	서로 상	신선 선	고울 선	말씀 설	성품 성

5Ⅱ 1-50번
형성평가

다음 한자의 뜻과 음을 쓰세요.

歲	洗	束	首	宿	順	識
臣	實	兒	惡	約	養	要
友	雨	雲		元	偉	以
任	材				財	的
傳						典
展	切				節	店
情	調	卒		種	州	週
知	質	着	參	責	充	宅
品	必	筆	害	化	效	凶

5Ⅱ 51-100번 형성평가

다음 뜻과 음을 지닌 **한자**를 쓰세요.

해 세	씻을 세	묶을 속	머리 수	잘 숙	순할 순	알 식
신하 신	열매 실	아이 아	악할 악	맺을 약	기를 양	중요할 요
벗 우	비 우	구름 운		으뜸 원	클 위	써 이
맡길 임	재목 재			재물 재		과녁 적
전할 전			5Ⅱ 51-100번 형성평가			법 전
펼 전	끊을 절				마디 절	가게 점
뜻 정	고를 조	마칠 졸		씨 종	고을 주	주일 주
알 지	바탕 질	붙을 착	참여할 참	꾸짖을 책	채울 충	집 택
물건 품	반드시 필	붓 필	해할 해	변화할 화	본받을 효	흉할 흉

다음 한자의 뜻과 음을 쓰세요.

加	可	改	去	擧	件	建
健	景	競	輕	固	考	曲
橋	救	貴		規	給	技
期	汽				吉	壇
談						島
都	落				冷	量
令	領	料		馬	末	亡
買	賣	無	倍	比	費	鼻
氷	寫	思	査	賞	序	善

5급 1-50번 형성평가

다음 뜻과 음을 지닌 **한자**를 쓰세요.

더할 가	옳을 가	고칠 개	갈 거	들 거	물건 건	세울 건
건강할 건	경치 경	다툴 경	가벼울 경	굳을 고	생각할 고	굽을 곡
다리 교	구원할 구	귀할 귀		법 규	줄 급	재주 기
기약할 기	김 기				길할 길	단 단
말씀 담						섬 도
도울 도	떨어질 락				찰 랭	헤아릴 량
명령할 령	거느릴 령	헤아릴 료		말 마	끝 말	망할 망
살 매	팔 매	없을 무	곱 배	견줄 비	쓸 비	코 비
얼음 빙	베낄 사	생각 사	조사할 사	상줄 상	차례 서	착할 선

5급 1-50번 형성평가

167

다음 한자의 뜻과 음을 쓰세요.

船	選	示	案	魚	漁	億
熱	葉	屋	完	曜	浴	牛
雄	院	原		願	位	耳
因	再				災	爭
貯						赤
停	操				終	罪
止	唱	鐵		初	最	祝
致	則	他	打	卓	炭	板
敗	河	寒	許	湖	患	黑

5급 51-100번 형성평가

다음 뜻과 음을 지닌 **한자**를 쓰세요.

배 선	가릴 선	보일 시	책상 안	물고기 어	고기 잡을 어	억 억
더울 열	잎 엽	집 옥	완전할 완	빛날 요	목욕할 욕	소 우
수컷 웅	집 원	근원 원		원할 원	자리 위	귀 이
의지할 인	두 재				재앙 재	다툴 쟁
쌓을 저						붉을 적
머무를 정	잡을 조			마칠 종	허물 죄	
그칠 지	부를 창	쇠 철		처음 초	가장 최	빌 축
이를 치	법칙 칙	다를 타	칠 타	높을 탁	숯 탄	널조각 판
패할 패	강 하	찰 한	허락할 허	호수 호	근심 환	검을 흑

5급 51-100번 형성평가

學而時習 -배우고 익히기

1. 다음 한자어의 독음을 쓰세요.

可能 _____	事件 _____	先約 _____
結實 _____	輕車 _____	過失 _____
觀光 _____	敎壇 _____	獨立 _____
訓練 _____	勞苦 _____	旅費 _____
歷史 _____	思考 _____	選手 _____
說明 _____	所願 _____	首相 _____
完工 _____	雲集 _____	競爭 _____
約束 _____	節氣 _____	調査 _____
週日 _____	質問 _____	寒冷 _____

2. 다음 한자어의 뜻을 쓰세요.

決心 _____	夜景 _____	貴人 _____
陸地 _____	商業 _____	再生 _____
漁村 _____	知識 _____	

3. 다음 한자어를 한자로 쓰세요.

고유(본래부터 가지고 있는 특유한 것) ➡

재능(재주와 능력) ➡

비음(코로 내는 소리) ➡

산모(아기를 갓 낳은 여자) ➡

성별(남녀나 암수의 구별) ➡

전래(예로부터 전하여 내려옴) ➡

정담(다정한 이야기) ➡

합창(여러 사람이 노래를 부름) ➡

필담(글로 써서 서로 묻고 답함) ➡

▲ 해답
1. 가능, 사건, 선약, 결실, 경차, 과실, 관광, 교단, 독립, 훈련, 노고, 여비, 역사, 사고, 선수, 설명, 소원, 수상, 완공, 운집, 경쟁, 약속, 절기, 조사, 주일, 질문, 한랭
2. 마음을 정함, 밤의 경치, 귀한 사람, 땅, 장사하는 일, 다시 살아남, 물고기 잡는 마을, 앎
3. 固有, 才能, 鼻音, 産母, 性別, 傳來, 情談, 合唱, 筆談

논술 –교과서 주요 한자어 익히기

家具 (　　　) : 집안 살림에 쓰는 기구　　　　　　　　　　　　가구

加算 (　　　) : 더하여 셈함　　　　　　　　　　　　　　　　　가산

加速 (　　　) : 속도를 더함　　　　　　　　　　　　　　　　　가속

加熱 (　　　) : 열을 더함　　　　　　　　　　　　　　　　　　가열

加入 (　　　) : 조직이나 단체 따위에 들어가거나 참석함　　　　가입

家宅 (　　　) : 살고 있는 집　　　　　　　　　　　　　　　　　가택

感性 (　　　) : 자극의 변화를 느끼는 성질　　　　　　　　　　　감성

強賣 (　　　) : 남에게 물건을 강제로 떠맡겨 팖　　　　　　　　강매

功德 (　　　) : 착한 일을 하여 쌓은 업적과 어진 덕　　　　　　공덕

過熱 (　　　) : 지나치게 뜨거워짐　　　　　　　　　　　　　　　과열

急流 (　　　) : 물이 빠른 속도로 흐름　　　　　　　　　　　　　급류

急性 (　　　) : 급한 성질 또는 병 따위의 증세가 빠르게 진행되는 성질　　급성

期日 (　　　) : 정해진 날짜　　　　　　　　　　　　　　　　　　기일

落第 (　　　) : 시험에 떨어짐　　　　　　　　　　　　　　　　　낙제

冷氣 (　　　) : 찬 기운　　　　　　　　　　　　　　　　　　　　냉기

多産 (　　　) : 많이 낳음　　　　　　　　　　　　　　　　　　　다산

待令 (　　　) : 명령을 기다림　　　　　　　　　　　　　　　　　대령

獨子 (　　　) : 외아들　　　　　　　　　　　　　　　　　　　　독자

馬夫 (　　　) : 말을 부려 마차나 수레를 모는 사람　　　　　　　마부

賣場 (　　　) : 물건을 파는 장소　　　　　　　　　　　　　　　매장

無期 (　　　) : 무기한 즉 언제까지라고 정한 기한이 없음　　　　무기

無線 (　　　) : 선이 없음 즉 통신이나 방송을 전선 없이 전파로 함　　무선

變身 (　　　) : 몸의 모양이나 태도 따위를 바꿈　　　　　　　　　변신

産物 (　　　) : 일정한 곳에서 생산되어 나오는 물건　　　　　　　산물

相通 (　　　) : 서로 마음과 뜻이 통함　　　　　　　　　　　　　상통

船室 ( ) : 배 안에서 승객들이 쓰도록 만든 방	선실
善意 ( ) : 좋은 뜻	선의
善行 ( ) : 착한 행실	선행
性急 ( ) : 성질이 급함	성급
數量 ( ) : 수효와 분량	수량
食品 ( ) : 먹는 음식물	식품
實感 ( ) : 실제의 느낌	실감
實例 ( ) : 실제의 보기	실례
實在 ( ) : 실제로 있음	실재
藥品 ( ) : 약	약품
屋內 ( ) : 집의 안	옥내
有害 ( ) : 해가 있음	유해
衣類 ( ) : 여러 가지 종류의 옷	의류
一念 ( ) : 한결 같은 생각	일념
自筆 ( ) : 자기가 직접 글씨를 씀. 또는 그 글씨	자필
着地 ( ) : 공중에서 땅으로 내림	착지
天性 ( ) : 본래 타고난 성품	천성
最多 ( ) : 가장 많음	최다
特選 ( ) : 특별히 골라 뽑음	특선

부록

반대자 –뜻이 반대되는 한자

去(갈 거)	↔	來(올 래)	勝(이길 승)	↔	敗(패할 패)
輕(가벼울 경)	↔	重(무거울 중)	始(처음 시)	↔	末(끝 말) / 終(끝 종)
曲(굽을 곡)	↔	直(곧을 직)	新(새 신)	↔	舊(예 구)
吉(길할 길)	↔	凶(흉할 흉)	臣(신하 신)	↔	王(임금 왕)
都(도읍 도)	↔	農(농사 농)	心(마음 심)	↔	己(몸 기) / 身(몸 신) / 體(몸 체)
獨(홀로 독)	↔	等(무리 등) / 類(무리 류)	愛(사랑 애)	↔	惡(미워할 오)
冷(찰 랭)	↔	溫(따뜻할 온)	有(있을 유)	↔	無(없을 무)
勞(일할 로)	↔	使(부릴 사)	主(주인 주)	↔	客(손 객)
陸(뭍 륙)	↔	海(바다 해)	和(화할 화)	↔	競(다툴 경) / 爭(다툴 쟁) / 戰(싸움 전)
利(이로울 리)	↔	害(해할 해)	黑(검을 흑)	↔	白(흰 백)
賣(팔 매)	↔	買(살 매)			
放(놓을 방)	↔	操(잡을 조)			
氷(얼음 빙)	↔	炭(숯 탄)			
善(착할 선)	↔	惡(악할 악)			

반대어 —뜻이 반대되는 한자어

感情(감정)	↔	理性(이성)		善意(선의)	↔	惡意(악의)
客觀(객관)	↔	主觀(주관)		成功(성공)	↔	失敗(실패)
固定(고정)	↔	流動(유동)		勝利(승리)	↔	敗北(패배)
舊式(구식)	↔	新式(신식)		實質(실질)	↔	形式(형식)
吉日(길일)	↔	凶日(흉일)		熱氣(열기)	↔	寒氣(한기)
冷水(냉수)	↔	溫水(온수)		溫情(온정)	↔	冷情(냉정)
多元(다원)	↔	一元(일원)		原因(원인)	↔	結果(결과)
當選(당선)	↔	落選(낙선)		有料(유료)	↔	無料(무료)
對話(대화)	↔	獨白(독백)		利己(이기)	↔	利他(이타)
德談(덕담)	↔	惡談(악담)		自己(자기)	↔	他人(타인)
賣出(매출)	↔	買入(매입)		正當(정당)	↔	不當(부당)
放心(방심)	↔	操心(조심)		合法(합법)	↔	不法(불법)
生産(생산)	↔	消費(소비)		幸福(행복)	↔	不幸(불행)

유의자 -뜻이 비슷한 한자

強(강할 강)	=	健(굳셀 건)
建(세울 건)	=	立(설 립)
格(격식 격)	=	式(격식 식)
見(볼 견)	=	觀(볼 관)
結(맺을 결)	=	約(맺을 약)
決(정할 결)	=	定(정할 정)
競(다툴 경)	=	爭(다툴 쟁)
年(해 년)	=	歲(해 세)
談(말씀 담) 說(말씀 설)	=	語(말씀 어) 話(말씀 화)
都(도읍 도)	=	市(행정구역 시)
到(이를 도)	=	着(다다를 착) 致(이를 치)
旅(나그네 려)	=	客(손 객)
練(익힐 련)	=	習(익힐 습)
料(헤아릴 료)	=	量(헤아릴 량)
明(밝을 명)	=	朗(밝을 랑)
物(물건 물)	=	件(물건 건)
法(법 법)	=	規(법 규) 例(법식 례)

法(법 법)	=	式(법 식) 典(법 전) 則(법칙 칙)
變(변할 변)	=	化(변화할 화)
兵(병사 병)	=	士(병사 사) 卒(군사 졸)
費(쓸 비)	=	用(쓸 용)
思(생각 사)	=	考(생각할 고) 念(생각 념)
使(하여금 사)	=	令(하여금 령)
選(가릴 선)	=	別(분별할 별)
始(처음 시)	=	初(처음 초)
實(열매 실)	=	果(열매 과)
兒(아이 아)	=	童(아이 동)
養(기를 양)	=	育(기를 육)
願(바랄 원)	=	望(바랄 망)
偉(클 위)	=	大(큰 대)
戰(싸움 전)	=	爭(다툴 쟁)
展(펼 전)	=	開(열 개)
停(머무를 정)	=	止(그칠 지)

유의자 -뜻이 비슷한 한자

調(조사할 조)	=	査(조사할 사)
知(알 지)	=	識(알 식)
出(날 출)	=	産(낳을 산) / 生(날 생)

河(강 하)	=	川(내 천)
寒(찰 한)	=	冷(찰 랭)
許(허락할 허)	=	可(허락할 가)
凶(흉할 흉)	=	惡(악할 악)

동음이의어 −음은 같으나 뜻이 다른 한자어

가구	家口	집안 식구
	家具	집안 살림에 쓰는 기구
가산	家産	집안의 재산
	加算	더하여 셈함
개량	改良	더 좋게 고침
	改量	다시 측량함
결사	決死	죽기를 각오하고 있는 힘을 다할 것을 결심함
	結社	여러 사람이 공동의 목적을 이루기 위하여 단체를 조직함
경기	景氣	경제 활동 상태
	競技	일정한 규칙 아래 기량과 기술을 겨룸
고급	高級	높은 등급
	高給	높은 봉급
	告急	급한 상황을 알림
공약	空約	헛되게 약속함
	公約	정부, 정당, 입후보자 등이 어떤 일에 대하여 국민에게 실행할 것을 약속함
과거	過去	이미 지나간 때
	科擧	관리를 뽑을 때 실시하던 시험
과실	果實	과일
	過失	잘못이나 허물
국사	國史	나라의 역사
	國事	나라에 관한 일
급보	急報	급하게 알림
	急步	급하게 걸음

급수	給水	물을 공급함
	級數	우열에 따라 매긴 등급
대결	代決	남을 대신하여 결재함
	對決	서로 맞서서 우열이나 승패를 가림
대기	大氣	공기
	待期	때나 기회를 기다림
동화	同化	다르던 것이 서로 같게 됨
	童話	어린이를 위하여 지은 이야기
발전	發電	전기를 일으킴
	發展	더 나은 단계로 나아감
사기	史記	역사적 사실을 기록한 책
	士氣	의욕이나 자신감 따위로 충만하여 굽힐 줄 모르는 기세
사정	事情	일의 형편이나 까닭
	査定	조사하거나 심사하여 결정함
	査正	조사하여 그릇된 것을 바로잡음
상품	商品	사고파는 물품
	上品	질이 좋은 물품
	賞品	상으로 주는 물품
신임	信任	믿고 일을 맡김
	新任	새로 임명되거나 새로 취임함
여객	女客	안손님
	旅客	여행하는 사람
역사	力士	힘이 센 사람
	歷史	인류 사회의 변천과 흥망의 과정

운행	雲行	구름이 떠다님
	運行	차량 따위를 운전하여 다님
전기	前期	전번의 시기
	傳記	한 사람의 일생 동안의 행적을 적은 기록
	電氣	전자 또는 공간에 있는 자유 전자나 이온들의 움직임 때문에 생기는 에너지
전례	典例	전거가 되는 선례
	前例	이전부터 있었던 사례
전시	全市	시의 전체
	戰時	전쟁이 벌어진 때
	展示	여러 가지 물품을 한곳에 벌여 놓고 보임
정전	停電	전기가 끊어짐
	停戰	일시적으로 전투를 중단하는 일

사자성어 – 네 글자로 이루어진 말

사자성어	뜻
格物致知 (격물치지)	실제 사물의 이치를 연구하여 지식을 완전하게 함
見物生心 (견물생심)	어떠한 실물을 보게 되면 그것을 가지고 싶은 욕심이 생김
決死反對 (결사반대)	죽기를 각오하고 있는 힘을 다하여 반대함
敬老孝親 (경로효친)	노인을 공경하고 부모에게 효도함
敬天愛人 (경천애인)	하늘을 숭배하고 인간을 사랑함
過失相規 (과실상규)	나쁜 행실을 하지 못하도록 서로 규제함
敎學相長 (교학상장)	가르치고 배우면서 서로 성장함
今時初聞 (금시초문)	바로 지금 처음으로 들음
落木寒天 (낙목한천)	나뭇잎이 다 떨어진 겨울의 춥고 쓸쓸한 풍경
落花流水 (낙화유수)	떨어지는 꽃과 흐르는 물이라는 뜻으로, 가는 봄의 경치를 이르는 말
能小能大 (능소능대)	큰일이나 작은 일이나 모든 일에 두루 능함
多才多能 (다재다능)	재주와 능력이 많음
多情多感 (다정다감)	정이 많고 감정이 풍부함
大同團結 (대동단결)	여러 집단이나 사람이 어떤 목적을 이루려고 크게 한 덩어리로 뭉침
大書特筆 (대서특필)	신문 따위의 출판물에서 어떤 기사에 큰 비중을 두어 다룸을 이르는 말
同化作用 (동화작용)	외부에서 섭취한 에너지원을 자체의 고유한 성분으로 변화시키는 일

馬耳東風 (마이동풍)	남의 말을 귀담아듣지 아니하고 지나쳐 흘려버림을 이르는 말
萬古不變 (만고불변)	아주 오랜 세월 동안 변하지 아니함
無男獨女 (무남독녀)	아들이 없는 집안의 외동딸
聞一知十 (문일지십)	하나를 듣고 열 가지를 미루어 안다는 뜻으로, 총명함을 이르는 말
百年河淸 (백년하청)	중국 황하의 물이 늘 흐려 맑을 때가 없다는 뜻으로, 아무리 오랜 시일이 지나도 어떤 일이 이루어지기 어려움을 이르는 말
奉仕活動 (봉사활동)	국가나 남을 위하여 자신을 돌보지 않고 힘을 바쳐 애씀
父傳子傳 (부전자전)	아버지가 아들에게 대대로 전함
北窓三友 (북창삼우)	거문고, 술, 시를 아울러 이르는 말
不問可知 (불문가지)	묻지 아니하여도 알 수 있음
不問曲直 (불문곡직)	옳고 그름을 따지지 아니함
氷山一角 (빙산일각)	빙산의 뿔이라는 뜻으로, 대부분이 숨겨져 있고 외부로 나타나 있는 것은 극히 일부분에 지나지 않음을 비유한 말
思考方式 (사고방식)	어떤 문제에 대하여 생각하고 궁리하는 방법이나 태도
士農工商 (사농공상)	선비·농부·공장·상인 등 네 가지 신분을 이르는 말
事事件件 (사사건건)	해당되는 모든 일 또는 온갖 사건
事實無根 (사실무근)	사실에 근거가 없다는 뜻으로, 근거가 없거나 사실과 전혀 다름
事親以孝 (사친이효)	부모님을 효로써 섬김

三位一體 (삼위일체)	세 가지의 것이 하나의 목적을 위하여 통합되는 일
三寒四溫 (삼한사온)	7일을 주기로 사흘 동안 춥고 나흘 동안 따뜻함
生面不知 (생면부지)	서로 한 번도 만난 적이 없어서 전혀 알지 못하는 사람
善男善女 (선남선녀)	성품이 착한 남자와 여자란 뜻으로, 착하고 어진 사람들을 이르는 말
善因善果 (선인선과)	착한 원인에 착한 결과라는 뜻으로, 선업을 쌓으면 반드시 좋은 과보가 따름
速戰速決 (속전속결)	싸움을 오래 끌지 아니하고 빨리 몰아쳐 이기고 짐을 결정함
十年知己 (십년지기)	오래전부터 친히 사귀어 잘 아는 사람
安分知足 (안분지족)	편안한 마음으로 제 분수를 지키며 만족할 줄을 앎
良藥苦口 (양약고구)	좋은 약은 입에 쓰다는 뜻으로, 충언은 귀에 거슬린다는 말
語不成說 (어불성설)	말이 조금도 사리에 맞지 아니함
言文一致 (언문일치)	실제로 쓰는 말과 그 말을 적은 글이 일치함
言行一致 (언행일치)	말한 대로 실행함
溫故知新 (온고지신)	옛것을 익히고 그것을 미루어서 새것을 앎
勇氣百倍 (용기백배)	격려나 응원 따위에 자극을 받아 힘이나 용기를 더 냄
有口無言 (유구무언)	입은 있어도 말은 없다는 뜻으로, 변명할 말이 없거나 변명을 못함
有名無實 (유명무실)	이름만 그럴듯하고 실속은 없음

耳目口鼻 (이목구비)	귀·눈·입·코를 중심으로 한 얼굴의 생김새
以實直告 (이실직고)	사실 그대로 고함
以心傳心 (이심전심)	마음과 마음으로 서로 뜻이 통함
人相着衣 (인상착의)	사람의 생김새와 옷차림
一字無識 (일자무식)	글자를 한 자도 모를 정도로 무식함
自古以來 (자고이래)	예로부터 지금까지의 동안
自給自足 (자급자족)	필요한 물자를 스스로 생산하여 충당함
自初至終 (자초지종)	처음부터 끝까지의 과정
前無後無 (전무후무)	이전에도 없었고 앞으로도 없음
全知全能 (전지전능)	어떠한 사물이라도 잘 알고, 모든 일을 다 행할 수 있는 신불의 능력
朝變夕改 (조변석개)	아침·저녁으로 뜯어고친다는 뜻으로, 계획이나 결정 따위를 자주 바꿈
主客一體 (주객일체)	주체와 객체가 하나가 됨
知過必改 (지과필개)	누구나 허물이 있는 것이니 허물을 알면 반드시 고쳐야 함
知行合一 (지행합일)	지식과 행동이 서로 맞음
天災地變 (천재지변)	지진, 홍수, 태풍 따위의 자연현상으로 인한 재앙
靑山流水 (청산유수)	푸른 산에 흐르는 물이라는 뜻으로, 막힘없이 말을 잘함을 이르는 말

秋風落葉 (추풍낙엽)	가을바람에 떨어지는 나뭇잎이라는 뜻으로, 세력이 갑자기 기울어지거나 헤어져 흩어지는 모양
敗家亡身 (패가망신)	집안의 재산을 다 써 없애고 몸을 망침
海水浴場 (해수욕장)	해수욕을 할 수 있는 환경과 시설이 갖추어진 바닷가
行動擧止 (행동거지)	몸을 움직여 하는 모든 짓
凶惡無道 (흉악무도)	성질이 거칠고 사나우며 도의심이 없음

약자 –간략하게 줄여서 쓰는 글자

기본자		약자
價	⇒	価
擧	⇒	挙
輕	⇒	軽
關	⇒	関
觀	⇒	観
廣	⇒	広
舊	⇒	旧
團	⇒	団
當	⇒	当
獨	⇒	独
勞	⇒	労
賣	⇒	売

기본자		약자
變	⇒	変
寫	⇒	写
實	⇒	実
兒	⇒	児
惡	⇒	悪
爭	⇒	争
傳	⇒	伝
卒	⇒	卆
質	⇒	质
參	⇒	参
鐵	⇒	鉄

[서울신문 베스트 브랜드 대상] 중앙에듀북스 - 마법 술술한자

부수 새롭게 정리하고 그림 곁들여… 평가 다양하게 수록

중앙에듀북스 '마법 술술한자'

중앙에듀북스의 '마법 술술한자' 시리즈(전9권)는 한국어문회가 주관하는 한자능력검정시험(8~3급) 합격을 위한 참신하고 획기적인 한자 학습서다. 누구나 한자가 형성된 원리를 이해하며 제대로 배울 수 있도록 초등학생 수준에 맞추어 자원을 쉽게 풀이하였다.

또 학교 교과서에 자주 나오는 한자어를 선별하여 그 뜻을 한자를 통해 쉽게 알 수 있도록 직역으로 풀이하였다. 특히 한자능력검정시험 8급과 7급은 가지고 다니면서 유용하게 활용할 수 있는 한자카드도 수록하였다.

이 시리즈의 핵심은 1권인 '부수'이다. 이 책은 모양이 비슷한 부수는 통합하고, 잘 쓰이지 않는 부수는 제외하여 기존 214자를 200자로 새로 정리했으며, 그림을 곁들여 알기 쉽게 풀이했다.

2권부터 9권까지는 한자능력검정시험 8~3급으로 구성되어 있다. 한자를 나누어 형성 원리를 이해한 후 자원을 보며 한자를 쓸 수 있도록 바로 아래에 빈칸을 두었다. 또 예문을 통하여 한자어의 활용을 익힐 수 있도록 구성하였으며, 지속적인 반복과 실력을 확인할 수 있도록 형성평가, 종합평가 등 다양한 평가를 구성하였다.

중앙에듀북스 관계자는 "이 시리즈의 저자는 한학자 집안에서 태어나 어려서부터 부친께 한학을 배웠고, 가업을 잇는다는 정신으로 한문교육과를 나와 학생들을 가르치고 있다"면서 "한자 때문에 울고 있는 여학생을 보고, 한학을 배우면서 힘들었던 자신의 어린 시절이 생각나 어떻게 하면 어려운 한자를 쉽고 재미있게 가르칠 수 있을까를 연구하여 집필했기 때문에 이 시리즈가 독자들에게 뜨거운 호응을 얻고 있다"고 말했다.

— 서울신문

초등학생과 중학생을 위한
초등 학습 한자 시리즈!

- 초등학교의 모든 교과서를 분석하고, 또 일상생활에서 자주 사용하는 한자어를 선별하여 초등학생이 기본적으로 꼭 알아야 할 학습 한자를 난이도에 따라 선정하였습니다.
- 6권은 중학교의 전문화된 교과서를 학습하기 위하여 필요한 한자를 선정하였습니다.
- 부수를 결합하여 한자가 만들어진 원리를 이해하며 쉽게 익힐 수 있습니다.
- 쉬운 한자풀이와 풍부한 해설 및 다양한 확인학습으로 개별 학습이 용이하여 선생님이 편합니다.

▼ 화제의 책!

박두수 지음
송진섭 · 이병호 · 강혜정 선생님 추천

한자 & 일본어 학습 & 교육 지침서

현직 선생님이 들려주는 한자를 알면 세계가 좁다
김미화 글·그림 | 올컬러 | 32,000원

중학교 900자 漢번에 끝내字
김미화 글·그림 | 올컬러 | 19,500원

고등학교 한자 900 漢번에 끝내字
김미화 글·그림 | 올컬러 | 22,000원

술술 외워지는 한자 1800
김미화 글·그림 | 올컬러 | 22,000원

한자 부수 제대로 알면 공부가 쉽다
김종혁 지음 | 22,000원

쉽게 배우는 중학 한자 부수로 끝내기 [최신 개정판]
김종혁 지음 | 17,500원

인간 유전 상식사전 100
[한국간행물윤리위원회 청소년 권장도서]
사마키 에미코 외 지음 | 홍영남 감수 | 박주영 옮김 | 18,000원

인체의 신비 [최신 개정판]
안도 유키오 감수 | 안창식 편역 | 18,000원

한 권으로 끝내는 일본어 필수한자 1800
JC교육연구소 지음 | 강봉수 옮김 | 17,000원

동화로 배우는 일본어 필수한자 1006자
이노우에 노리오 글·그림 | 강봉수 옮김 | 올컬러 | 12,900원

동화로 신나게 배우는 일본어 新 상용한자 1130자로 N1 합격
이노우에 노리오 지음 | 강봉수 옮김 | 13,000원

회화·문법·한자 한번에 끝내는 일본어 초급 핵심 마스터
강봉수 지음 | 18,000원

※ 무료 MP3 다운로드 : www.japub.co.kr

긍정 육아
아이가 성장하는 마법의 말
도로시 로 놀테·레이첼 해리스 지음
김선아 옮김 | 13,800원

전 세계 37개국 출간된 세계적 베스트셀러!

eBook 구매 가능

인체 구조 학습 도감
[다음 백과사전 선정도서]
주부의 벗사 지음 | 가키우치 요시유키·박선무 감수 | 고선윤 옮김
올컬러 | 22,000원

궁금한 인체 구조를 알기 쉽게 설명한 인체 대백과사전!

중앙에듀북스 Joongang Edubooks Publishing Co.
중앙경제평론사 | 중앙생활사 Joongang Economy Publishing Co./Joongang Life Publishing Co.

중앙에듀북스는 폭넓은 지식교양을 함양하고 미래를 선도한다는 신념 아래 설립된 교육·학습서 전문 출판사로서 우리나라와 세계를 이끌고 갈 청소년들에게 꿈과 희망을 주는 책을 발간하고 있습니다.

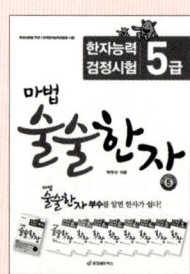

초판 1쇄 발행 | 2013년 9월 26일
초판 4쇄 발행 | 2021년 11월 10일
개정초판 1쇄 인쇄 | 2025년 6월 20일
개정초판 1쇄 발행 | 2025년 6월 25일

지은이 | 박두수(DuSu Park)
펴낸이 | 최점옥(JeomOg Choi)
펴낸곳 | 중앙에듀북스(Joongang Edubooks Publishing Co.)

대   표 | 김용주
책임편집 | 박두수
본문디자인 | 박근영

출력 | 영신사   종이 | 한솔PNS   인쇄·제본 | 영신사

잘못된 책은 구입한 서점에서 교환해드립니다.
가격은 표지 뒷면에 있습니다.

ISBN 978-89-94465-53-1(03700)

등록 | 2008년 10월 2일 제2-4993호
주소 | ㉾ 04590 서울시 중구 다산로20길 5(신당4동 340-128) 중앙빌딩
전화 | (02)2253-4463(代) 팩스 | (02)2253-7988
홈페이지 | www.japub.co.kr 블로그 | http://blog.naver.com/japub
네이버 스마트스토어 | https://smartstore.naver.com/jaub 이메일 | japub@naver.com
♣ 중앙에듀북스는 중앙경제평론사·중앙생활사와 자매회사입니다.

Copyright ⓒ 2013 by 박두수

이 책은 중앙에듀북스가 저작권자와의 계약에 따라 발행한 것이므로 본사의 서면 허락 없이는 어떠한 형태나 수단으로도 이 책의 내용을 이용하지 못합니다.

도서주문 www.japub.co.kr 전화주문: 02) 2253-4463
https://smartstore.naver.com/jaub 네이버 스마트스토어

중앙에듀북스/중앙경제평론사/중앙생활사에서는 여러분의 소중한 원고를 기다리고 있습니다. 원고 투고는 이메일을 이용해주세요. 최선을 다해 독자들에게 사랑받는 양서로 만들어드리겠습니다. 이메일 | japub@naver.com